Manfred Pohl

Die Lombardkasse Aktiengesellschaft 1923–1998

Manfred Pohl

Die Lombardkasse Aktiengesellschaft 1923–1998

Mit 23 Abbildungen

Piper
München Zürich

Satz: Uwe Steffen, München
Druck und Bindung: Kösel, Kempten
Printed in Germany

Inhalt

Vorwort

Frankfurt am Main war bis zur Gründung des Deutschen Reiches im Jahre 1871 der zentrale Bank- und Börsenplatz Deutschlands, ein international anerkannter Finanzplatz. Von hier aus tätigten die Bankhäuser Rothschild, Bethmann, Metzler und andere die großen europäischen Finanztransaktionen. Berlin war Peripherie. Mit dem politischen Aufstieg und der wirtschaftlichen Konzentration in der neuen Hauptstadt, aber vor allem mit der Konzentration aller bedeutenden neugegründeten Aktienbanken in Berlin bis Mitte der achtziger Jahre des vorigen Jahrhunderts begann der unaufhaltsame Aufstieg Berlins zu einem weltweit anerkannten Bank- und Börsenplatz. Frankfurt am Main war zu einer preußischen Provinzstadt degradiert, 1901 schloß das Haus Rothschild in Frankfurt am Main seine Pforten.

In Berlin standen 1890 bereits 143 Industrieaktien auf dem Kurszettel, in Frankfurt am Main waren es gerade noch 13. Frankfurt am Main konnte im zentralistisch ausgerichteten Deutschen Reich nur noch einige wenige Marktsegmente verteidigen, so etwa seine Position als traditioneller Platz für staatliche Anleihen und Auslandspapiere. Die einzigartige Atmosphäre, die Berlin als Reichshauptstadt, als Börsen- und Bankplatz und als Kulturstadt ausstrahlte, lag zwischen 1895 und 1945 mit einem Vorspann von 1881 bis 1895 und einem traurigen Nachspann nach 1945. Diese Epoche Berlins war aber auch durch zwei Weltkriege, die Inflationsjahre und die Weltwirtschafts- und Bankenkrise geprägt. Das Schicksal Berlins war gleichzeitig auch das Schicksal der deutschen Börsen- und Bankenlandschaft.

Frankfurt am Main übernahm nach 1945 in kleinen, aber dann immer größer werdenden Schritten Berlins Rolle, nicht politisch, das verhinderte der erste Bundeskanzler Konrad Adenauer, aber als Bank- und Börsenplatz. Frankfurt wurde 1948 Sitz der Bank deutscher Länder (seit 1957 Bundesbank), Zentrale der drei Großbanken Deutsche Bank, Dresdner Bank und Commerzbank. Bedeutende in- und ausländische Banken errichteten in Frankfurt eine Niederlassung. Es war klar, daß Frankfurt auch der zentrale Börsenplatz Deutschlands wurde. Aus diesem Grunde errichtete die Lombardkasse Aktiengesellschaft 1961 auch ihren Verwaltungssitz in Frankfurt am Main, während der juristische Sitz in Berlin blieb, damals eine Option auf die Zukunft.

Frankfurt entwickelte sich rasch wieder zu einem internationalen Finanzplatz, sicherlich in Europa noch hinter London, aber mit vielen positiven Signalen, in einem vereinten Europa eine noch größere Rolle zu spielen. Mit der Wahl von Frankfurt am Main zum Sitz der Europäischen Zentralbank kommt der Stadt neue Symbolbedeutung zu. Sie wird zur Hauptstadt der europäischen Währung, des Euro, emporgehoben.

Berlin ist unterdessen wieder die politische Metropole, ein Katalysator Europas zum Osten, aber ohne große Bedeutung als Bank- und Börsenplatz. Frankfurt hat alle Chancen, geographischer europäischer Mittelpunkt als Finanz- und Europlatz zu werden, wenn nur alle es wollen, vor allem die Frankfurter selbst.

Frankfurt am Main, im Mai 1998 *Manfred Pohl*

I. Einleitung

Die Börsen haben ihren Ursprung an den großen Handels- und Messeplätzen des Mittelalters. Die Mitglieder der Handelsgilden lernten sich an diesen Zentralplätzen des wirtschaftlichen Lebens kennen, verschafften sich so im Laufe der Zeit einen Einblick in die Geschäftstätigkeit des anderen und konnten gleichzeitig dessen Kreditwürdigkeit feststellen. Es entstand der Begriff »ditta di borsa«, eine festbestimmmte Börsenmeinung über die Bonität des Kaufmanns, so daß dessen Wechsel ohne weiteres angenommen werden konnte. Auf diese Art wurde der Wechsel zum ersten fungiblen Wertpapier und damit eigentlich auch zur ersten fungiblen Ware im volkswirtschaftlichen Sinne. Die Fungibilität war von Anfang an ein wesentliches Merkmal der Börse[1].

Nach den Anfängen des Börsenwesens in Venedig, Florenz und Brügge verlagerte sich der Schwerpunkt nach Antwerpen, Amsterdam, London, Paris, Frankfurt am Main und nach 1870 auch nach Berlin. Hier in Berlin kamen seit dem 15. Juli 1739 verschiedene Makler und Kaufleute zu einer Morgenaussprache zusammen. Jeden Dienstag und Sonnabend veröffentlichten drei »Mäkler« eine Art Kurszettel, der jedoch keine Wertpapiere enthielt, sondern lediglich Devisenkurse. Am 15. November 1765 wurde für Preußen die erste Mäklerordnung erlassen. Zehn Jahre später gab es in Berlin bereits acht Mäkler.

Träger der Berliner Börse waren neben den einzelnen Kaufleuten und Privatbankiers vor allem die Königliche Giro- und Lehn-Bank, die im Jahre 1765 gegründet worden war und im Jahre 1848 in die Preußische Bank umgewandelt wurde, aus der schließlich im Jahre 1875 die Reichsbank hervorging. Bis in die zweite Hälfte des 19. Jahrhunderts dominierten die Privatbankiers das Börsengeschehen. Eine besondere Stellung nahmen hierbei vor allem die Städte Frankfurt am Main (Gebrüder Bethman, B. Metzler seel. Sohn & Cons., M. Hauck & Sohn, M. A. von Rothschild und Söhne, Jac. Friedrich Gontard & Söhne), Hamburg (M. M. Warburg & Co., Heckscher & Co, Perish & Co., Gebr. Schröder & Co., L. Behrens & Söhne, Joh. Berenberg, Gossler & Co.) und Berlin (Gebr. Schickler, Gebr. Benecke, Mendelssohn & Co., J. M. Magnus, S. Bleichröder) ein.

Vor allem der Bau von Eisenbahnen nach 1835 führte zu einer starken Belebung des Börsenverkehrs. Eine besondere Stellung bei den Wertpapieren nahmen von Anfang an die Aktien ein, die bis in die achtziger Jahre des 19. Jahrhunderts häufig als dubiose Spekulationspapiere abgetan wurden. Da die Menschen aber Spiel und Spekulation zu allen Zeiten gereizt und interessiert haben – erinnert seien nur an die Spekulationen in Tulpenzwiebeln im 17. Jahrhundert oder in Papieren der Mississippi-Gesellschaft und Südsee-Gesellschaft (Bubbles) –, haftet den Börsen bis in die heutigen Tage etwas Dubioses und Geheimnisvolles an[2].

Mit der Gründung der ersten Banken in der Form von Aktiengesellschaften in den Jahren 1848–56 (A. Schaaffhausen'scher Bankverein, Köln; Direction der Disconto-Gesellschaft, Berlin; Berliner Handels-Gesellschaft, Berlin; Bank für Handel und Industrie, Darmstadt) und 1870–72 (Deutsche Bank, Dresdner Bank und Commerzbank) entstand eine kapitalkräftige Konkurrenz für die Privatbankiers und die Makler an den einzelnen Wertpapierbörsen[3]. Gleichzeitig verhängte der Staat gegen die Spekulation in Wertpapieren erste Repressivmaßnahmen. Die Aufsicht über die Börsen wurde den Handelskammern oder den kaufmännischen Kooperationen unterstellt.

Am 15. Juni 1884 wurde dann eine völlig neue Börsenordnung herausgegeben, welche die Börse von Grund auf ein-

Berliner Börse in der Burgstraße am Spreeufer (dreißiger Jahre)

heitlich regelte. Jedoch fehlten auch in diesem Gesetz noch entscheidende Merkmale, so zum Beispiel die Prüfung der Zulassung von Wertpapieren zum Börsenhandel durch die Zulassungsstelle, die rein formell war, sowie eine Haftung der Emissionshäuser. Auch in bezug auf die Herausgabe und die Angaben auf den Prospekten gab es keine deutlichen Regelungen. Diese Schwächen wurden durch den Erlaß des Reichsbörsengesetzes vom 22. Juni 1896 beseitigt[4]. Als völlig neue Institutionen wurden in dem Gesetz der Staatskommissar, der Börsenausschuß und das Ehrengericht genannt. An den meisten deutschen Börsen wurde bereits vor dem Reichsbörsengesetz das von Berlin aus eingeführte System des sogenannten Prospektzwangs praktiziert. Dieses System beinhaltete, daß bei der Zulassung eines Papiers im Börsenhandel und der Aufnahme in den offiziellen Kurszettel dem dazu bestellten Börsenorgan ein Prospekt, in dem alle notwendigen Angaben über die Emission und die Beteiligten aufgeführt waren, vorgelegt werden mußte. In der Zulassungsstelle sollte vor allem darauf geachtet werden, daß Emissionen nicht zugelassen wurden, die allgemeine Interessen schädigten oder welche zu einer Übervorteilung des Publikums führten.

Das Börsengesetz von 1896 bewirkte aber auch eine Schwächung der kleineren Bankgeschäfte, so vor allem der Privatbankiers und der Provinzialbanken[5]. Durch dieses Gesetz wurde der Terminhandel in Anteilen von Industrie- und Bergwerksunternehmungen völlig verboten und dem Terminhandel generell eine starke Einschränkung auferlegt. Das Gesetz bestimmte nämlich, daß Termingeschäfte nur dann Gültigkeit haben sollten, wenn beide Parteien in ein beim Handelsregister geführtes Börsenregister eingetragen waren. Einmal waren diese Eintragungen mit hohen Gebühren belegt, zum anderen aber entstanden auch Kosten bei der Veröffentlichung, die das eintragende Institut ebenfalls tragen mußte.

Es war verständlich, daß aufgrund dieses Börsengesetzes zunächst einmal eine Stockung an den einzelnen deutschen Börsen einsetzte und das Spekulationsgeschäft sich auf das Ausland verlagerte. Die Umsätze, die im Kassageschäft erzielt wurden, konnten natürlich keinen Ausgleich bringen, zumal der Privatbankier nicht in der Lage war, langfristig hohe Kassenbestände zu halten. Auch die Bestimmungen in bezug auf das Emissionsgeschäft trafen den Privatbankier schwer. Hiernach konnten Aktien eines neugegründeten oder umgewandelten Unternehmens erst ein Jahr nach Eintragung der Gesellschaft ins Handelsregister zugelassen werden. Für einen Privatbankier war es fast unmöglich, eine Vorfinanzierung über einen derart langen Zeitraum in einer gewissen Höhe zu leisten und ein Jahr mit der Begebung der Aktien zu warten. In einem solchen Falle war einer großen Aktienbank das Geschäft fast sicher.

Bereits die Börsenordnung von 1884 hatte die Umsatzsteuer auf Börsengeschäfte eingeführt und zehn Jahre später verdoppelt, so daß bei den großen Banken ein erhebliches Übergewicht dadurch entstand, daß diese durch Kompensierung der bei ihnen zusammenlaufenden Kauf- und Verkaufsorders eine Stempelsteuerersparnis erzielten, die den kleinen Häusern versagt blieb. Die Folge all dieser gesetzlichen Regelungen war, daß gerade in den achtziger und neunziger Jahren das Börsengeschäft verstärkt auf die Berliner Großbanken überging und kleinere Privatbankhäuser nicht selten auf die Hilfe der Großbanken angewiesen waren.

Die gesetzlichen Regelungen im Börsengeschäft und im Reichsstempelgesetz fanden allerdings bei den meisten Banken keine Zustimmung. Bereits 1885 wurde daher von zwölf Berliner Banken und Bankiers unter Führung der Direction der Disconto-Gesellschaft der »Verein zum Zwecke der Erzielung gerichtlicher Entscheidungen über zweifelhafte Stempelfragen«, kurz die »Stempelvereinigung«, gegründet[6]. Die Stempelvereinigung befaßte sich in erster Linie mit banktechnischen Fragen wie Zins- und Provisionssätzen, Stempel- und Steuerproblemen und hatte vor allem die Aufgabe, die bestehenden Verhältnisse auf dem Bankenmarkt zu verteidigen. Im Jahre 1900 änderte die Stempelvereinigung ihren Namen in »Vereinigung von Berliner Banken und Bankiers«. Schärfer als die Stempelvereinigung ging der infolge des Börsengesetzes von 1896 gegründete »Centralverband des deutschen Bank- und Bankiersgewerbes«[7] vor. Auf seinen allgemeinen deutschen Bankierstagen – der erste fand im Sommer 1902 in Frankfurt am Main statt – betrieb der Zentralverband eine gezielte Öffentlichkeitspolitik. Sowohl der Centralverband des deutschen Bank- und Bankiergewerbes als auch die Vereinigung von Berliner Banken und Bankiers (Stempelvereinigung) wehrten sich gegen das neue Börsengesetz vom 22. Juni 1896. In einer Note an Reichskanzler Bernhard Fürst von Bülow vom 8. November 1900 bemängelten sie vor allem die zuvor genannten Passagen des neues Gesetzes und wiesen darauf hin, daß »bei einer Fortdauer der gegenwärtigen Zustände nicht nur das Bankgewerbe empfindlich geschädigt werde, sondern auch schwere Nachteile für das Gemeinwohl eintreten«. Der Stempelverein befürchtete vor allem eine Gefährdung in den auswärtigen Handelsbeziehungen und eine Verschlechterung des deutschen Geldmarktgeschäfts. Um diese empfindlichen Schäden zu beseitigen, forderte er die Zulassung von Termingeschäften in Anteilen der Bergwerks- und Fabrikunternehmungen sowie eine Abänderung des Reichsstempelgesetzes vom 14. Juni 1900. Alle uneigentlichen Lombardgeschäfte in diesen Werten sollten von jeder Stempelabgabe befreit sein, um so die wirtschaftlichen Funktionen des Termingeschäfts, wie dies etwa an der New Yorker Börse der Fall sei, zu gewährleisten. Die Forderungen des Stempelvereins wurden jedoch nicht erfüllt.

Erst die Novelle von 1908 beseitigte die meisten einschränkenden Passagen des Gesetzes von 1896. Im März 1907, als die Geldzinssätze ziemlich hoch lagen und auch ein überaus hoher Reportzinsfuß bestand, versuchte die Vereinigung von Berliner Banken und Bankiers, die Zahltage für das Effektentermingeschäft an den deutschen Börsen nach dem Vorbild ausländischer Plätze vom Monatsende zu verlegen und um einige Tage hinauszuschieben, was insbesondere für die Privatbankiers eine große Erleichterung bedeutet hätte.

Am 3. Dezember 1917 schließlich wurde die »Berliner Bedingungsgemeinschaft für den Wertpapierverkehr« (BBW) gegründet[8]. Sie sollte ähnlich wie der Centralverband auf seinen Bankierstagen dem deutschen Bankgewerbe im Effektenverkehr angemessene Geschäftsbedingungen sichern und erhalten. Bereits im Herbst 1913 hatten die Verhandlungen in Berlin zwischen der Vereinigung Berliner Banken und Bankiers (Stempelvereinigung) und dem Verein für die Interessen der Fondsbörse zu Berlin sowie regionalen Vereinigungen über die Gründung einer Berliner Bedingungsgemeinschaft für den Wertpapierverkehr (BBW) begonnen. Diese wurde dann am selben Tag gegründet, als nach einem Stillstand von 40 Monaten zum erstenmal wieder an deutschen Börsen amtliche Kurse festgesetzt wurden[9]. Die BBW war eine Dachorganisation für zwei Bankenverbände: die »Interessengemeinschaft der Berliner Privatbankfirmen« und die »Stempelvereinigung«. Die Erstgenannte wurde innerhalb der Gemeinschaft als Gruppe A (BBW A), die Stempelvereinigung als Gruppe B (BBW B) bezeichnet. Der Gruppe A gehörten nur Berliner Banken an, die nicht Mitglied in der Stempelvereinigung waren. Von den zu Beginn der dreißiger Jahre in Berlin bestehenden 500 Privatbankgeschäften waren rund 350 in dieser Interessengemeinschaft vertreten. Die BBW hatte wesentlichen Anteil daran, daß ein lebensfähiger Maklerstand erhalten blieb und gleichzeitig alle Gruppen mit dem Provisionsabkommen und dem Abkommen über die Maklergebühr einverstanden waren[10].

Neben diesen Interessenverbänden gab es aber auch schon frühzeitig Bankinstitute, die von mehreren Banken gegründet worden waren, um bestimmte Interessen im Zusammenhang mit dem Börsengeschäft zu übernehmen. Die 1871 von den Hamburger Maklern und Privatbankiers gegründete Maklerbank, Hamburg, bestand bis zum Jahre 1920. In diesem Jahr fusionierte sie mit der 1887 gegründeten Waaren-Liquidations-Kasse und firmierte von diesem Zeitpunkt an als Liquidations-Casse in Hamburg Aktiengesellschaft, Hamburg. Zunächst hatte sie die Garantie ihrer Mitglieder zur Erfüllung von Termingeschäften in Waren (Kaffee, Zucker, Baumwolle und Kautschuk) übernommen, dehnte dann aber nach Übernahme des Effekten-Liquidations-Büros der Commerz- und Privatbank ihre Geschäftstätigkeit auf das Wertpapiergeschäft aus[11].

Aber auch die 1850 als Nachfolgeinstitut des alten »Cassen-Vereins« gegründete Bank des Berliner Kassen-Vereins in Berlin entwickelte sich im Laufe der Jahre zu einem wichtigen Institut der Berliner Börse[12]. 1869 übernahm die Bank des Berliner Kassen-Vereins die Einrichtung und Leitung des im selben Jahr gegründeten Liquidations-Vereins für Zeitgeschäfte an der Berliner Fondsbörse. Die Aufgabe dieses Liquidations-Vereins bestand in der Erleichterung und Beschleunigung von Ultimo-Engagements der Berliner Börse. 1882 wurden für die Kundschaft des Berliner Kassen-Vereins Effektengirodepots eingerichtet, mit deren Hilfe die bessere Abwicklung von Börsengeschäften ermöglicht wurde. Der Berliner Kassen-Verein entwickelte sich rasch zur ersten Effektengirobank im Deutschen Reich. Als dann an anderen Plätzen ähnliche Banken geschaffen wurden – sie erhielten im Laufe der Zeit den Namen »Wertpapiersammelbanken« – und diese eine Arbeitsgemeinschaft bildeten, wurde der Berliner Kassen-Verein die Geschäftsstelle dieser Arbeitsgemeinschaft. Fast alle namhaften Berliner Bankiers gehörten dem Aufsichtsrat der Bank des Berliner Kassen-Vereins an.

Am 1. Februar 1877 war bereits eine Bank unter dem Namen »Berliner Makler-Verein« in Berlin errichtet worden,

Rückseite eines Cassen-Vereins-Wechsels, vor 1850

dessen Zweck im Betrieb und der Vermittlung von Börsengeschäften sowie der Beteiligung an Unternehmen mit gleichem Geschäftszweck bestand. Er hatte sein Domizil in der Französischen Straße 29[13]. Er war ebenfalls eine Gründung der Berliner Großbanken und der Berliner Privatbankiers. Die Banken der Stempelvereinigung hielten 1922 den größten Teil des Aktienkapitals. Sie wollten allerdings Ende 1922 den Berliner Makler-Verein möglichst rasch veräußern, da sich die Schwierigkeiten und Risiken im Vergleich zu den Courtagen (Entgelt für die Börsenmakler) als zu groß erwiesen. Als dann eine Bankiersgruppe in Berlin und Köln ein Gebot von 500 Prozent auf die Aktien zwecks Ausnutzung des Depotrechts und der Bankräumlichkeiten machte, verkaufte die Stempelvereinigung den Mantel an die Internationale Handelsbank. Die neuen Interessenten gaben das Maklergeschäft auf und betrieben das normale Bank- und Effektengeschäft. Gleichzeitig änderten sie den Namen in »Berliner Bankverein«[14].

Somit stand der Name »Berliner Makler-Verein« wieder zur Verfügung. Die Stempelvereinigung hatte zwar das marode Institut möglichst rasch loswerden wollen, der Name »Berliner Maklerverein« sollte aber erhalten bleiben. Um die Neugründung eines Bankinstituts unter diesem Namen zu verhindern, entschlossen sich die Mitglieder der Stempelvereinigung, eine vollkommen neue Bank unter dem Namen »Berliner Makler-Verein Aktiengesellschaft, Berlin« zu gründen. Sie wurde das Vorgängerinstitut der Berliner Lombardkasse Aktiengesellschaft.

II. Gründung der Berliner Makler-Verein Aktiengesellschaft, Berlin

Die Berliner Makler-Verein Aktiengesellschaft, Unter den Linden 35, wurde am 15. März 1923 gegründet und am 17. April 1923 ins Handelsregister eingetragen. Die Gründer gehörten der Vereinigung von Berliner Banken und Bankiers (Stempelvereinigung) und der Interessengemeinschaft der Berliner Privatbankfirmen (Gruppe A der BBW) an. Die Gründer kamen dementsprechend auch aus diesen beiden Institutionen. Es waren Rechtsanwalt Erich Kraetke, Herbert Lohse, Rechtsanwalt Curt Paechter, Amtmann a. D. Gerhard Römer, Magistratsrat Walter Siemianowsky, alle Berlin[15]. Als Zweck der Gesellschaft wurde angegeben: Der Betrieb von Makler-, Bank- und Kommissions- sowie sonstigen Handelsgeschäften aller Art. Die Gesellschaft ist befugt, alle Geschäfte abzuschließen und Maßnahmen zu treffen, die den Gegenstand des Unternehmens unmittelbar und mittelbar zu fördern geeignet sind. Sie ist insbesondere berechtigt, zu diesem Zweck Anlagen und Geschäfte jeder Art zu errichten, zu erwerben, zu betreiben, zu pachten, zu verpachten und zu veräußern, auch sich an anderen gleiche oder ähnliche Zwecke verfolgenden Unternehmen in jeder zulässigen Form zu beteiligen, Zweigniederlassungen im In- und Ausland zu errichten.

Das Kapital betrug inflationsbedingt 1,2 Mio. Mark, aufgeteilt in 1200 Aktien zu 1000 Mark. Die Übernahme des Kapitals erfolgte zu 100 Prozent von den Gründern. Das Stimmrecht lag je Aktie bei einer Stimme. Die Direktion (Vorstand) setzte sich aus Rechtsanwalt Joachim Kessler und Hans Grendel, beide Berlin, zusammen. Dem ersten Aufsichtsrat gehörten Rechtsanwalt Wilhelm Schütz, Bankdirektor Victor von

Hauptgebäude der Disconto-Gesellschaft Unter den Linden / Charlottenstraße, Domizil des Berliner Makler-Vereins ab 1923

Rintelen, Bankdirektor Eugen Kretschmar, Rechtsanwalt Richard Dyckerhoff und Rechtsanwalt Adolf Schaeffer, alle Berlin, an.

Der Berliner Makler-Verein wurde lediglich zum Zwecke des Firmenschutzes errichtet, das heißt er tätigte zunächst überhaupt keine Geschäfte. Die Initiative zur Gründung dieses Instituts ging von der Direction der Disconto-Gesellschaft in Berlin aus. Es wurde nicht nur in deren Räumen Unter den Linden 35 von dem in Berlin ansässigen Notar Fritz Brandi gegründet, sondern hatte auch dort sein Domizil. Darüber hinaus kamen fast alle Vorstands- und Aufsichtsratsmitglieder in den folgenden Jahren aus der Rechtsabteilung der Direction der Disconto-Gesellschaft. Die folgenden Generalversammlungen fanden im Zimmer des Aufsichtsratsvorsitzenden des Berliner Bank-Vereins und Direktionsmitglieds der Disconto-Gesellschaft in Berlin, Rechtsanwalt Wilhelm Schütz, statt. Aus dem Protokoll zur Generalversammlung am 29. August 1924, die ebenfalls im Zimmer von Rechtsanwalt Schütz zu Berlin stattfand, geht eindeutig hervor, daß das gesamte Grundkapital von der Direction der Disconto-Gesellschaft Kommanditgesellschaft auf Aktien, Berlin, gehalten wurde[16]. Vertreten waren unter den anwesenden Aktionären in der Generalversammlung der Aktiengesellschaft Berliner Makler-Verein vom 29. August 1924 lediglich die Prokuristen Richard Dyckerhoff und Hans Paschke, beide von der Berliner Disconto-Gesellschaft. Unter den Gründern waren nachweislich Rechtsanwalt Erich Kraetke und Rechtsanwalt Curt Paechter, ebenfalls Prokuristen (Rechtsabteilung) der Disconto-Gesellschaft in Berlin.

In dieser Generalversammlung wurde das Grundkapital von 1,2 Mio. Mark auf 6000 Goldmark umgestellt. Die Aktien wurden derart zusammengelegt, daß auf 20 alte Aktien eine neue Aktie über 100 Goldmark entfiel. Nach Durchführung der Umstellung war der Paragraph 5, Absatz 1 der Satzung neu zu fassen: »Das Grundkapital beträgt 6000 Goldmark und ist in 60 mit den fortlaufenden Nummern 1 bis 60 versehene Aktien zu je 100 Goldmark zerlegt.« Die Aktien blieben geschlossen im Portefeuille der Disconto-Gesellschaft.

Es erhebt sich hier natürlich die Frage, warum auf dem Höhepunkt der Inflation auf Betreiben der Disconto-Gesellschaft, die eine starke Stellung in der Stempelvereinigung hatte, eine derartige Bank gegründet wurde, ohne daß eine Geschäftstätigkeit ausgeübt wurde. Der Zweck und die Zielsetzung der Gesellschaft lassen eher auf eine allgemeine Geschäftsbank schließen als auf ein Spezialinstitut für Privatbankiers und Makler. Der Hintergrund ist eindeutig die Sicherung des Namens (Firmenbezeichnung) und somit des Mantels einer Institution, die schon einmal bestanden hatte. Diese Absicherung kann zudem nur auf dem Hintergrund eines überhitzten Gründungsbooms von Banken jeder Art in der Inflationszeit von 1919 bis 1924 erklärt werden. Die Disconto-Gesellschaft wollte den Namen »Berliner Bank-Verein« nicht anderen Interessenten überlassen. Bei einer Auszählung der Neugründungen in der Zeitschrift »Die Bank«, die regelmäßig in ihren Monatsberichten über neugegründete Institute berichtete, ergaben sich für die Periode 1919 bis 1924 folgende Zahlen[17]:

Jahr	**Bankenneugründungen**	**davon in Berlin**
1919	30	18
1920	56	18
1921	86	33
1922	148	66
1923	450	134
1924	97	30

Insgesamt wurden in dem genannten Zeitraum 867 neue Banken gegründet, von denen sich allein 293 Neugründungen auf Berlin konzentrierten. Das Gründungsfieber während der Inflationsperiode findet seine wesentliche Erklärung in der allgemein optimistischen Konjunkturstimmung und einem verstärkten Drang weiter Bevölkerungskreise zur Börse, wobei die Banken als Vermittlerinnen eingeschaltet wurden. Die meisten dieser neugegründeten Banken kamen über das Gründungsdatum nicht hinaus. Als »Etagenbanken« mußten sie wenige Wochen oder Monate nach ihrer Gründung wieder schließen, da ihre Hoffnung, an der Börse große Geschäfte zu tätigen, sich spätestens mit der Stabilisierung zerschlug. Der Gründungsboom in der Inflationszeit hatte daher für die weitere Entwicklung des Aktienbankwesens in Deutschland keine allzu große Bedeutung, da die meisten Liquidationen in den Jahren 1926–28 durchgeführt wurden. Andere Neugründungen, die die Liquidationsjahre überstanden, mußten während der Bankenkrise im Jahre 1931 ihre Geschäftstätigkeit einstellen. Von den größeren Gründungen erreichte lediglich die aus der Bankabteilung des Reichsschatzamtes hervorgegangene

Reichskreditgesellschaft AG eine größere Bedeutung. Auch die in der Inflationszeit zahlreich gegründeten Fachbanken, die lediglich die Pflege eines fachlich abgegrenzten Arbeitsgebiets betrieben und meist nur Interessen bestimmter Branchen vertraten, erlangten mit wenigen Ausnahmen keine große Bedeutung.

Auch die Berliner Makler-Verein Aktiengesellschaft, Berlin, wäre wohl in den Liquidationsjahren 1926–28 aufgelöst worden, hätte die Direction der Disconto-Gesellschaft in Berlin nicht am Weiterbestehen des Firmennamens festgehalten. Die anderen Banken der Stempelvereinigung und der Interessengemeinschaft der Berliner Privatbankfirmen waren ebenfalls an einem Weiterbestehen des Berliner Makler-Vereins interessiert, um bei Notwendigkeit das Institut rasch zu aktivieren. Mit Sicherheit war die Berliner Makler-Verein Aktiengesellschaft nicht zur Gewährung von Lombardkrediten an die Privatbankiers und Makler gegründet worden, da die Banken in der Inflation nicht an mangelnder Liquidität litten. Nach der Fusion der Deutschen Bank, Berlin, und der Disconto-Gesellschaft, Berlin, im Oktober 1929 hielt das vereinigte Institut am Weiterbestehen der Berliner Makler-Verein Aktiengesellschaft, Berlin, fest. Aber auch in diesen Jahren tätigte der Berliner Makler-Verein keine Geschäfte und zahlte dementsprechend auch keine Dividende. Die zur Hälfte (3000 RM) einbezahlten Aktien befanden sich bis Mitte 1931 weiterhin im Portefeuille der nun vereinigten Deutschen Bank und Disconto-Gesellschaft. Sie gehörten je zur Hälfte der Vereinigung der Berliner Banken und Bankiers (Stempelvereinigung) und der Interessengemeinschaft der Berliner Privatbankfirmen.

III. Die Gründung der Berliner Lombardkasse Aktiengesellschaft

Die Weltwirtschafts- und Bankenkrise

Die relativ stabilen Jahre von 1925 bis 1928 waren zum Teil auf der Basis einer kurzfristigen Auslandsverschuldung der deutschen Unternehmen, insbesondere in den USA, erkauft worden. Die beginnende Weltwirtschaftskrise, die mit dem Börsencrash im Oktober 1929 ihren Höhepunkt erreichte, blieb natürlich auch für Deutschland nicht ohne Folgen. Nach Ablauf der Inflationsperiode war es Deutschland noch möglich, die Plazierung zahlreicher deutscher Anleihen mit langer Laufzeit auf fremden Emissionsmärkten vorzunehmen. Die Auswirkungen der Wirtschaftskrise verschlechterten jedoch die Aufnahmefähigkeit der ausländischen Kapitalmärkte mehr und mehr, so daß Deutschland fremde Kapitalhilfe nur noch kurzfristig erhalten konnte. Dies hatte zur Folge, daß die kurzfristige Auslandsverschuldung eine Höhe erreichte, die bei einem plötzlichen Abzug nicht mehr zu verkraften war.

Als die Wirtschaftskrise sich in Deutschland in verstärktem Maße bemerkbar machte, zeigte sich, daß zahlreiche Wirtschaftsunternehmen einerseits eine viel zu große, die Selbstkosten übersteigende Produktionskapazität aufwiesen, aber andererseits eine Schuldenlast zu tragen hatten, deren Verzinsung zwar in einer Zeit guter Konjunktur und voller Auslastung der Anlagen möglich gewesen wäre, aber während der Weltwirtschaftskrise sich zu einer unüberwindbaren Hürde für die Industrieunternehmen erwies. Die debitorische Kundschaft der Banken wurde dabei immer stärker außerstande gesetzt, die Kredite an die Banken durch eigene Kapitalbildung zurückzuzahlen. Die Bankkredite wurden im weitesten Umfange zu Kapitalbeteiligungen, das heißt sie froren ein. Aus diesem Grunde wurde es gerade in den Jahren 1929–31 immer schwieriger, im Interesse der Volkswirtschaft die Liquidität zu erhalten und sicherzustellen. In diesen Jahren mußten die Banken auch häufiger den in Liquiditätsschwierigkeiten geratenen Unternehmen mit neuen Krediten zur Seite stehen, ohne daß eine Aussicht auf eine regelmäßige Tilgung bestand. Schließlich sanierten die Banken diese Unternehmen, indem sie größere Aktienpakete als Sicherheit in ihre Portefeuilles aufnahmen.

Bei der Betrachtung der Position »eigene Wertpapiere« der Berliner Großbanken zum Ultimo der Jahre 1928, 1929 und 1930 fällt auf, daß der Bestand an Effekten 1929 erheblich anstieg. Diese Zunahme der eigenen Effekten war vor allem in der zweiten Hälfte des Jahres 1929 auf die Folgen der Wirtschaftskrise und die Umwandlung zahlreicher eingefrorener Kredite in Beteiligungen zurückzuführen. Die Banken hatten aus diesem Grunde in der zweiten Hälfte des Jahres 1929 bereits ein Interventionskonsortium gegründet, dem unter anderem die Deutsche Bank und Disconto-Gesellschaft, die Berliner Handels-Gesellschaft S. Bleichröder, die Commerz- und Privat-Bank, die Darmstädter und Nationalbank, Delbrück Schickler & Co., die Dresdner Bank, J. Dreyfuß & Co., Hardy & Co. GmbH, Mendelssohn & Co., Speyer Ellissen, alle Berlin, Simon Hirschland, Essen, A. Levy, Köln, Sal. Oppenheim jun. & Cie., Köln, und M. M. Warburg & Co., Hamburg, angehörten[18]. Dieses Konsortium hatte im wesentlichen die Aufgabe, die im Jahre 1929 stark absinkenden Börsenkurse zu stützen, was aber nicht gelang. Vor allem in der ersten Hälfte des Jahres 1930 gingen die Kurse weiter zurück. Aus diesem Grunde beschlossen die Banken Anfang 1930 mit Wirkung zum 31. Dezember 1929, die Bestände des Bankenkonsortiums für die Aufnahme und Kursstützung von Börsenpapieren über rund 60 Mio. RM auf die Bank für Industriewerte AG,

Berliner Bankenviertel in den zwanziger Jahren (rechts oben die Börse)

Berlin, zu übertragen. Diese Bank, eigentlich als Spezialinstitut für noch nicht emissionsreife Aktien der Großbanken gedacht, wurde somit in ein Auffanginstitut umgewandelt. Materiell und betragsmäßig änderte sich dadurch in der Bilanzsumme der Aktiva nichts. Lediglich eine Umgruppierung innerhalb der Effekten und Debitoren kam durch diese Transaktion zustande. Die Effektenbestände verringerten sich, und die Debitoren erhöhten sich um die Forderungen an die Bank für Industriewerte[19]. Hier zeigt sich bereits, wie schwierig es für alle Banken seit Mitte des Jahres 1929 war, ihre Bilanzsummen in Ordnung zu halten.

Mit dem Zusammenbruch der Österreichischen Creditanstalt Mitte Mai 1931 verschärfte sich die Situation auch in Deutschland erheblich. Es kam in den folgenden Tagen zu erheblichen Devisenabzügen bei den deutschen Banken. Die Reichsbank verlor im Laufe des Juli 1,5 Mrd. RM Gold und Devisen. Ein 100-Mio.-Dollar-Notenbankkredit (BIZ) war Ende Juni zu 75 Mio. verbraucht. Gleiches galt für den

Hauptgebäude der Darmstädter und Nationalbank (Danatbank) in der Behrenstraße (zwanziger Jahre)

50-Mio.-Dollar-Bereitschaftskredit der Golddiskontbank. Anfang Juni entschied sich die Reichsbank, zunächst an der gesetzlichen Vorschrift der 40-Prozent-Deckung festzuhalten. Am 14. Juni setzte sie den Diskontsatz um zwei Prozent auf sieben Prozent herauf. Die deutschen Börsen erholten sich daraufhin ein wenig, so daß die Devisenabzüge zum Stillstand kamen. Trotz des Hoover-Moratoriums und einer kurzen Hoffnungsperiode vom 20. Juni bis zum 6. Juli konnten die Probleme nicht gelöst werden. Die Krise spitzte sich derart zu, daß die Regierung sich schließlich gezwungen sah, durch Notverordnung auch den 14. und 15. Juli zu Bankfeiertagen zu erklären. Gleichzeitig bestimmte sie die Schließung der Wertpapierbörsen bis Ende der Woche.

Die Schließung der Danatbank am 13. Juli und die Erklärung zweier weiterer Bankfeiertage für alle Banken bedeuteten einen einschneidenden Tiefpunkt im deutschen Bankwesen. Am 5. August bereits hatten alle Banken wieder ihre Schalter geöffnet und den normalen Bankverkehr aufgenommen. In Berlin bildete sich am selben Tag wieder ein Geldmarkt, wobei infolge des Anlagebedürfnisses der Banken insbesondere eine hohe Nachfrage nach Reichsschatzwechseln entstand. In den folgenden Tagen zeigte sich eine deutliche Verbesserung der Liquidität am Geldmarkt, so daß die Reichsbank am 11. August den Diskontsatz auf 10 Prozent und den Lombardsatz auf 15 Prozent senkte. Mit diesem Tag war die Krise im engeren Sinne überwunden, da das Bankleben wieder in seine normalen Bahnen geleitet worden war.

Die Rahmenbedingungen

In dieser schwierigen Phase der beginnenden Bankenkrise äußerte die Interessengemeinschaft der Berliner Privatbankfirmen (Gruppe A der BBW) bereits im Juni 1931 den Wunsch, eine Lombardstelle zu schaffen, die Mitgliedern der Interessengemeinschaft der Berliner Privatbankfirmen und der Maklergemeinschaft die Möglichkeit geben sollte, gegen Hinterlegung von Wertpapieren Lombardgeld zu erhalten. Die kreditnehmenden Firmen sollten hierdurch in die Lage versetzt werden, den Geldabzügen ihrer Kundschaft zu entsprechen. Es wurde vorgeschlagen, hierzu den Berliner Makler-Verein zu aktivieren. Allerdings wurden vor allem von den Maklern und Privatbankiers Zweifel an der Firmierung geäußert, da in ihr nicht der eigentliche Zweck des Instituts zum Ausdruck käme. Es müsse der Begriff »Lombard« im Namen des Instituts vorkommen.

Die Ereignisse Mitte Juli 1931 mit Bank- und Börsenschließung dramatisierten die Situation erheblich. In Berlin fand nach dem 20. Juli 1931 eine Sitzung nach der anderen statt, um das Problem der schwebenden Lombard- und Reportgelder, das Haupthindernis zur Wiedereröffnung der Börsen, zu lösen. Ein großer Teil des schwebenden Termin-Effekten-Engagements basierte auf hereingenommenen Report- und

*Die Berliner Effektenlombardkasse.

Die Provinz wieder ausgeschaltet.

□ Berlin, 30. Juli (drahtlich).

Die bereits angekündigte Gründung einer Lombardkasse für den Berliner Platz soll nunmehr am Freitag formell durchgeführt werden, und zwar, wie wir hören, voraussichtlich in der Weise, daß man den noch vorhandenen Aktienmantel des ehemaligen Berliner Maklervereins durch Kapitalerhöhung auf *RM.* 1 Million unter Namensänderung neu belebt. Das Kapital, das voll einzuzahlen ist, wird übernommen von den Mitgliedern der Stempelvereinigung, einer Reihe namhafter Berliner Privatbankfirmen, ferner der Reichskreditgesellschaft, der Seehandlung, der Deutschen Verkehrskreditbank und der Arbeiterbank. Die Akzept- und Garantiebank wird entgegen Berliner Pressemeldungen nicht Aktionär. Das neue Institut, das also, wie angekündigt, einen recht engen Radius haben wird, soll in Anlehnung an den Berliner Kassenverein geführt werden und ist nicht als Erwerbsinstitut gedacht, sondern als vorübergehendes Hilfsinstrument für kleinere, vorwiegend im Effektengeschäft tätige Bankfirmen, die mangels der Unmöglichkeit, Effekten zu realisieren, in Bedrängnis geraten sind. Man glaubt mit Hilfe dieses Instituts bis zu *RM.* 10 Mill. Lombardkredite geben zu können, die ausschließlich den zur Berliner Börse zugelassenen Privatbankiers zugute kommen sollen. Für vorsichtige Beleihungsprinzipien wird natürlich Sorge zu tragen sein. Die Lombardkasse wird sich das Geld ihrerseits verschaffen durch Wechselziehung auf die Akzept- und Garantiebank, die dann ihrerseits die Wechsel bei der Reichsbank rediskontiert. Durch diese Konstruktion wird es möglich, den Börsenfirmen die Kredite zu etwa 1 pCt. über dem Wechseldiskontsatz der Reichsbank zu verschaffen, obwohl es sich um Lombardkredite handelt. Mit der Regulierung bestehender Börsenengagements hat die Gründung nichts zu tun. Sie soll vor allem die Zeit bis zur Wiedereröffnung der Börse überbrücken. Wie weit danach das neue Institut weiter bestehen soll, evtl. unter Veränderung seines Charakters, das wird später zu überlegen sein.

»Frankfurter Zeitung« vom 31. Juli 1931

Lombardgeldern. Der Centralverband des Deutschen Bank- und Bankiergewerbes forderte das Reichswirtschaftsministerium auf, eine öffentliche Darlehens- und Lombardstelle zu errichten[20]. Am 22. Juli beschloß die von der Bedingungsgemeinschaft der Berliner Privatbankiers unter dem Vorsitz von Sigmund Wassermann (A. E. Wassermann, Berlin, Bamberg) eingesetzte Kommission, bei ihren Mitgliedern »eine Enquête über den Umfang der von ihnen genommenen Lombards«[21] zu veranstalten. Nach dieser Feststellung der Höhe der Lombards müsse eine Lombardbank errichtet werden, der die Reichsbank die Mittel zur Verfügung stellen müsse.

Auch in Frankfurt am Main wurde zur gleichen Zeit von den Frankfurter Kreditinstituten ein Konsortium gebildet, das Lombardvorschüsse auf Effekten an die kleineren Bankfirmen vorsah. Diese Kredite sollten es den kleinen Banken ermöglichen, den Zahlungsverkehr wiederaufzunehmen, da ein Rückgriff auf die Reichsbank für diese kleinen Banken kaum möglich war[22]. Gleichzeitig verlangten die Frankfurter Ban-

Hauptgebäude der Bank des Berliner Kassen-Vereins hinter der Sankt-Hedwigs-Kathedrale (Oberwallstraße 3–4), Domizil der Berliner Lombardkasse ab 1931

Hauptgebäude der Reichskredit-gesellschaft in der Französischen Straße (zwanziger Jahre)

ken, die Akzept- und Garantiebank in Anspruch nehmen zu können. Auch in Magdeburg, Breslau[23], München[24] und Hamburg[25] wurde die Gründung einer Lombardkasse erwogen. Während diese Projekte nicht zur Durchführung kamen, gründeten die Hypothekenbanken am 28. August 1931 ein eigenes Institut, die Lombardbank Aktiengesellschaft Berlin. Diese sollte die Beteiligung von Pfandbriefen und Kommunalobligationen deutscher Hypothekenbanken vornehmen.

In Berlin setzte sich schließlich in den letzten Julitagen die Erkenntnis durch, den Mantel des Berliner Makler-Vereins zu aktivieren und eine Umwandlung in »Berliner Lombardkasse« vorzunehmen. In der Generalversammlung der Berliner Makler-Verein Aktiengesellschaft vom 31. Juli 1931 wurde einstimmig beschlossen, den Berliner Makler-Verein in Berliner Lombardkasse Aktiengesellschaft, Berlin Oberwallstraße 3–4 (Gebäude des Berliner Kassen-Vereins), umzuwandeln. Das Aktienkapital in Höhe von 1 Mio. RM wurde von verschiedenen Gruppen aufgebracht[26]:

1.	Mitglieder der Stempelvereinigung, Reichs-Kredit-Gesellschaft, Preußische Staatsbank (Seehandlung)	750 000,– RM
2.	Interessengemeinschaft der Berliner Privatbankfirmen	250 000,– RM

Zweck und Zielsetzung der Berliner Lombardkasse Aktiengesellschaft definierten sich wie folgt: Hereinnahme und Ausleihung von Geldern gegen Pfänder und andere Sicherheiten sowie Ausstellung, Annahme, Erwerb und Begebung von Wechseln und die Abwicklung der sich daraus ergebenden Ge-

Hauptgebäude der Preußischen Staatsbank (Seehandlung) am Gendarmenmarkt (zwanziger Jahre)

schäfte. Das wesentliche Ziel des neuen Instituts bestand in der Beschaffung von Barmitteln gegen Hinterlegung von Wertpapieren.

Nur Mitglieder der Berliner Bedingungsgemeinschaft für Wertpapierverkehr konnten die Berliner Lombardkasse in Anspruch nehmen. Diese Einschränkung wurde vor allem an den anderen Bankplätzen heftig kritisiert. Die Kritiker verstummten allerdings rasch, als sie die Zinssätze für den Lombardkredit erfuhren. Der Zinssatz für die von der Lombardkasse gewährten Kredite lag drei Prozent über dem Satz, den die Akzept- und Garantiebank ihrerseits bei der Reichsbank zahlte.

Die Akzept- und Garantiebank AG war am 25. Juli 1931 aus dem am 18. Juli 1931 gegründeten »Überweisungsverband e. V.« hervorgegangen. An ihrer Gründung waren die Golddiskontbank, die Bank für deutsche Industrieobligationen, die Reichskreditgesellschaft, die Deutsche Bank und Disconto-Gesellschaft, die Berliner Handels-Gesellschaft, die

Hauptgebäude der Deutschen Bank in der Mauerstraße (zwanziger Jahre)

Hauptgebäude der Dresdner Bank in der Behrenstraße (zwanziger Jahre)

Commerz- und Privatbank, die Dresdner Bank, die Deutsche Renten- und Kreditanstalt, die Preußische Staatsbank (Preußische Seehandlung), das Bankhaus Mendelssohn & Co., die Deutsche Verkehrskreditbank AG und die Preußische Zentralgenossenschaftskasse beteiligt. Die Akzeptbank hatte ein Aktienkapital von 200 Mio. RM, das zu 25 Prozent eingezahlt war. Von diesem Aktienkapital hatte das Reich 80 Mio. RM übernommen. Zudem übernahm das Reich eine Ausfallbürgschaft für die nicht einbezahlten Kapitalbeteiligungen. Die Akzeptbank, deren geistiger Vater Bernhard Sternburg war, hattte die Aufgabe, den Banken nach Abzug der Auslandskredite neue Kredite zur Verfügung zu stellen, um sie liquide zu machen. Ziel der Akzeptbank war es, für die Banken rediskontfähige Wechsel zu schaffen. Hierzu war eine dritte Unterschrift, nämlich die Unterschrift der Akzeptbank, erforderlich. Mit ihren Krediten stützte die Akzeptbank insbesondere in Schwierigkeiten gekommene Banken, wie zum Bei-

Hauptgebäude der Berliner Handels-Gesellschaft in der Französischen Straße / Ecke Charlottenstraße (zwanziger Jahre)

spiel die Danatbank, die Dresdner Bank, die Landesbank der Rheinprovinz, und vor allem die Sparkassen. Letztere erhielten über 70 Prozent der Akzeptbankkredite.

Da der Reichsbankdiskont zu diesem Zeitpunkt bei 15 Prozent lag, betrug die Verzinsung bei der Lombardkasse mindestens 18 Prozent, da für die Berechnung des Zinssatzes der Diskontosatz der Reichsbank beziehungsweise der Akzept- und Garantiebank am Tage der Darlehensauszahlung maßgebend war. Der Wechselstempel ging zudem zu Lasten des Kreditnehmers. Darüber hinaus mußten erhebliche Sicherheiten gestellt werden. Zunächst mußten Effekten hinterlegt werden, die bis zu einer von der Direktion und dem Überwachungsausschuß der Lombardkasse festzusetzenden Beleihungsgrenze beliehen werden konnten. Ein bestimmter Beleihungssatz wurde bewußt nicht festgesetzt, um den jeweiligen Verhältnissen Rechnung zu tragen. Für Rentenwerte ging man generell von 70 Prozent, bei Aktien von 50 Prozent des letzten Kurswertes aus. Für einen Teil der Sicherheiten in Effekten war von dem Kreditnehmer ein Wechsel auf die Berliner Lombardkasse Aktiengesellschaft auszuschreiben, der von dieser zu akzeptieren war. Der Kreditnehmer war ferner verpflichtet, bei Gewährung des Darlehens auf vier Tage nach Sicht gestellte Solawechsel, die über zehn Prozent der in Anspruch genommenen Kreditsumme lauten mußten, möglichst in einzelnen Abschnitten von je 1000,– RM einzureichen. Mit diesen Solawechseln wurde ein Garantiefonds geschaffen, durch den die Lombardkasse eine erhöhte Sicherheit erlangte.

Das Lombardbegehren mußte durch einen schriftlichen Antrag bei der Lombardkasse geltend gemacht werden. Die ent-

Hauptgebäude der Commerzbank in der Behrenstraße (zwanziger Jahre)

sprechenden Formulare waren beim Berliner Kassen-Verein (Lombardabteilung) erhältlich. Aus dem Antrag mußte hervorgehen, daß die Effekten Eigentum des Antragstellers waren. Anderenfalls mußte er eine schriftliche Bescheinigung vorlegen, aus der klar hervorging, daß der Kunde eine Weiterleitung ausdrücklich genehmigte.

Die Auszahlung des Darlehens, das wegen der begrenzten Mittel zunächst auf 100000,– RM für den einzelnen Darlehensnehmer beschränkt war, erfolgte nach Prüfung des Unterpfands am nächsten Tag. Das Darlehen konnte auf höchstens drei Monate gewährt werden, mußte aber mindestens 14 Tage laufen. Der Rediskontkredit, der der Lombardkasse zunächst zur Verfügung stand, belief sich auf 10 Mio. RM.

Die technische Abwicklung der Geschäfte lag zunächst beim Berliner Kassen-Verein und wechselte dann ab 1933 zur Liquidationskasse AG, Berlin. Der Berliner Kassen-Verein bildete zu diesem Zeitpunkt die Generalabrechnungsstelle der meisten Berliner Bankfirmen, betrieb aber auch Wechseldiskontierungen und Lombardgeschäfte zur Anlegung der eigenen und der im Giroverkehr überwiesenen fremden Mittel. Gleichzeitig war der Berliner Kassen-Verein die Geschäftsstelle der Arbeitsgemeinschaft Deutscher Effektengirobanken[27]. Die Liquidationskasse Aktiengesellschaft, Berlin, Dorotheenstraße 4, dann Werderscher Markt 5, und ab 1933 im Hause des Berliner Bank-Vereins, Oberwallstraße 3–4, war am 19. Juni 1925 vom Centralverband des Deutschen Bank- und Bankiersgewerbes (e.V.) zur Abwicklung von Effektentermingeschäften der Mitglieder des Liquidationsvereins für Zeitgeschäfte an der Berliner Wertpapierbörse gegründet worden. Im Jahre 1938 ging die technische Abwicklung der Geschäfte der Lombardkasse wieder auf den Berliner Kassen-Verein über. Zur Abgeltung dieser Arbeitsleistung unterhielt die Lombardkasse bei diesen Instituten ein zinsfreies Giroguthaben in Höhe von 150000,– RM. Entsprechend der Dominanz dieser beiden Institute in der ge-

Lombardkasse in Funktion

Die Gründung der Lombardkasse A.-G. ist, wie gestern berichtet, am 31. Juli vollzogen worden. Das Aktienkapital in Höhe von 1 Mill. ℳ ist von verschiedenen Gruppen aufgebracht worden, und zwar etwa in Höhe von 750 000 ℳ von Mitgliedern der Stempelvereinigung und einigen öffentlich-rechtlichen Instituten, der Rest von etwa 250 000 ℳ von der Interessengemeinschaft der Berliner Privatbankfirmen. Von den öffentlich-rechtlichen Instituten kommen, wie wir ergänzend hören, die Reichs-Kredit-Gesellschaft und die Preußische Staatsbank (Seehandlung) für die Beteiligung in Frage.

Der Zweck der Gesellschaft ist bekanntlich die Beschaffung von Barmitteln gegen Hinterlegung von Wertpapieren. In Anspruch genommen werden soll die Kasse nur von den Mitgliedern der Berliner Bedingungsgemeinschaft für den Wertpapierverkehr. Ob die Provinz es bedauern wird, daß sie vorläufig keine ähnlichen Möglichkeiten hat, bleibt abzuwarten, denn der Lombardkredit ist unter den heutigen Zinssätzen nicht gerade billig. Der Zinssatz für die von der Lombardkasse hingegebenen Darlehen soll bekanntlich 3 % über dem Satz liegt, den die Akzept- und Garantiebank ihrerseits bei der Reichsbank zahlt. Da man der Reichsbankdiskont auf 15 % erhöht ist, so kommen also mindestens 18 % in Frage, denn für die Berechnung des Zinssatzes ist der Diskontsatz der Reichsbank bzw. der Akzept- und Garantie-Bank am Tage der Darlehnsauszahlung maßgebend. Der Wechselstempel geht zu Lasten des Kreditnehmers. Dann müssen erhebliche Sicherheiten gestellt werden; zunächst in Effekten, die bis zu einer von der Direktion und dem Ueberwachungsausschuß (Aufsichtsrat) der Lombardkasse festzusetzenden Beleihungsgrenze beliehen werden können.

Ein bestimmter Beleihungssatz ist nicht festgesetzt worden,

weil man den jeweiligen Verhältnissen und der Person des Kreditnehmers im Einzelfalle Rechnung tragen will. Für Rentenwerte dürfte der Beleihungssatz in der Regel aber bei etwa 70 % liegen, was man wohl gleichzeitig hier als Höchstgrenze ansehen kann, bei Aktien wird sich die Beleihung mehr um etwa 50 % des letzten Kurswertes herum bewegen, jedoch ist dieser Prozentsatz nicht als Maximalgrenze anzusehen. Ausnahmen wird man z. B. machen bei einigen ausländischen Aktien, wie Chade und Svenska, ferner bei den Vorzugsaktien der Reichsbahn und auch bei den Reichsbankanteilen.

Außer der Effektenunterlage ist vom Kreditnehmer auf die Berliner Lombardkasse Aktiengesellschaft ein Wechsel auszuschreiben, der von dieser zu akzeptieren ist. Durch diese Wechselausstellung wird die Inanspruchnahme des Kredites effektiv. Der Kreditnehmer hat ferner bei Gewährung des Darlehens auf vier Tage nach Sicht gestellte Solawechsel, die über 10 % der in Anspruch genommenen Kreditsumme lauten, möglichst in einzelnen Abschnitten von je 1000 ℳ einzureichen. Durch diese Solawechsel wird ein Garantiefonds geschaffen, durch den die Kasse eine erhöhte Sicherheit erlangt.

Das Lombardbegehren muß durch einen schriftlichen Antrag bei der Lombardkasse A.-G. geltend gemacht werden; die entsprechenden Formulare sind bei der Bank des Berliner Kassenvereins (Lombardabteilung) erhältlich. Aus dem Antrag muß hervorgehen, daß die zu beleihenden Effekten entweder Eigentum der Antrag stellenden Firma sind, oder daß die Kundschaft ausdrücklich die Weiterbeleihung schriftlich gestattet hat.

Die Auszahlung des Darlehens, das wegen der beschränkten Mittel der Lombardkasse auf einen Höchstbetrag von 100 000 ℳ für den einzelnen Darlehnsnehmer begrenzt ist, erfolgt nach Prüfung des Unterpfandes durch Direktion und Aufsichtsrat am folgenden Tage. Das Darlehen kann auf höchstens drei Monate gewährt werden, bei einer Mindestdauer von 14 Tagen. Der Rediskontkredit der der Lombardkasse vorläufig zur Verfügung gestellt ist, beträgt 10 Millionen Mark.

Die Namen der Vorstandsmitglieder haben wir bereits mitgeteilt, lassen jedoch nachstehend zusammenfassend die Namen der Mitglieder des Vorstandes und des Aufsichtsrates, der zugleich den Ueberwachungsausschuß bildet, folgen:

Vorstand:

Eugen Hamburger, Vorstandsmitglied der Liquidationskasse A.-G.,
Wilhelm Lother, Vorstandsmitglied der Bank des Berliner Kassen-Vereins,
Georg Thierfeldt, Abteilungsdirektor bei der Bank des Berliner Kassen-Vereins.

Aufsichtsrat:

Dr. Franz Belitz, Vorstandsmitglied der Reichs-Kredit-Gesellschaft A.-G.,
Bankier **Paul Bergmann**, i. Fa. Carl Cahn,
Ludwig Berliner, Vorstandsmitglied der Commerz- und Privat-Bank A.-G.,
Fritz Bruck, Stellv. Vorstandsmitglied der Deutschen Bank und Disconto-Gesellschaft, stellv. Vorsitzender,
Bankier **Paul Hamel**, i. Fa. Sponholz & Co.,
Alfred Kurzmeyer, Generalbevollmächtigter des Bankhauses Mendelssohn & Co.,
Bankier **Leo Perl**, i. Fa. Leo Perl,
Bankier **Dr. Sigmund Wassermann**, i. Fa. A. E. Wassermann, Vorsitzender.

»Berliner Börsen-Courier« vom 4. August 1931

schäftlichen Abwicklung setzte sich auch der Vorstand zusammen:

- Eugen Hamburger, Vorstandsmitglied der Liquidationskasse A.-G.,
- Wilhelm Lothar, Vorstandsmitglied der Bank des Berliner Kassen-Vereins,
- Georg Thierfeldt, Abteilungsdirektor bei der Bank des Berliner Kassen-Vereins.

Der erste Aufsichtsrat setzte sich aus den Kapitaleignern zusammen:

- Franz Belitz, Vorstandsmitglied der Reichs-Kredit-Gesellschaft A.-G.,
- Bankier Paul Bergmann, in Firma Carl Cohn,
- Ludwig Berliner, Vorstandsmitglied der Commerz- und Privatbank A.-G.,
- Fritz Bruck, stellvertretendes Vorstandsmitglied der Deutschen Bank und Disconto-Gesellschaft, stellvertretender Vorsitzender,
- Bankier Paul Hamel, in Firma Sponholz & Co.,
- Alfred Kurzmeyer, Generalbevollmächtigter des Bankhauses Mendelssohn & Co.,
- Bankier Leo Perl, in Firma Leo Perl,
- Bankier Sigmund Wassermann, in Firma A. E. Wassermann, Vorsitzender.

Die Berliner Lombardkasse Aktiengesellschaft wurde als »non profit«-Unternehmen gegründet. Es sollte lediglich seine Unkosten verdienen und wurde in allen Teilen ehrenamtlich geführt und verwaltet.

Die Geschäftstätigkeit

Bis Ende 1931 wurden an Krediten bewilligt: 1 552 100 RM, dagegen zurückgezahlt 734 400 RM. Insgesamt wurden

280 000 RM an Akzepten an die Akzept- und Garantiebank begeben.

Im April 1932 traf die Berliner Lombardkasse Aktiengesellschaft mit verschiedenen Kreditinstituten Abmachungen, die es ihr ermöglichten, über ausreichende Barmittel zu verfügen. Hiermit fiel die Ziehung von Tratten durch die Kunden auf die Lombardkasse zur Geldbeschaffung weg. Die Lombardkasse behielt sich lediglich vor, in den Fällen, in denen die Geldgeber die Darlehen zurückzogen, die Ausstellung von Wechseln zu Geldbeschaffungszwecken zu fordern. Im Jahre 1932 wurden an Lombarddarlehen bewilligt[28]:

	Darlehen	im Gesamtbetrag von RM	dagegen wurden zurückgezahlt RM
im Januar	9	110 700,–	257 500,–
im Februar	9	191 000,–	123 900,–
im März	6	59 200,–	86 500,–
im April	16	228 600,–	142 200,–
im Mai	27	508 300,–	229 742,19
im Juni	28	444 000,–	149 457,81
im Juli	17	163 600,–	139 800,–
im August	2	306 400,–	176 000,–
im September	61	1 422 200,–	252 100,–
im Oktober	28	290 700,–	269 900,–
im November	30	302 700,–	216 800,–
im Dezember	33	670 700,–	218 900,–
insgesamt im Berichtsjahr bewilligt:	266	4 698 100,–	2 262 800,–
dazu am 1. Januar 1932 ausstehende Darlehen		817 700,–	
		5 515 800,–	
ab im Laufe des Jahres zurückgezahlte Darlehen		– 2 262 800,–	
Stand der Lombarddarlehen am 31. Dezember 1932 ausgeliehen an 48 Kreditnehmer		3 253 000,–	

Der Höchstbetrag der einem einzelnen Darlehensnehmer gewährten Kredite betrug 300 000 RM, das niedrigste Darlehen betrug 400 RM. Die Darlehen wurden an die einzelnen Kreditnehmer in folgendem Ausmaß gewährt:

bis 10 000 RM	48 % der Gesamtdarlehen
10 000– 20 000 RM	16 % der Gesamtdarlehen
20 000– 50 000 RM	24,5 % der Gesamtdarlehen
50 000–100 000 RM	11 % der Gesamtdarlehen
über 100 000 RM	1 % der Gesamtdarlehen

Während die Zinssätze für die gewährten Darlehen noch im Januar 1932 bei 9,60 Prozent lagen, gingen sie bis Juni 1932 auf 6,63 Prozent und bis Dezember 1932 auf 5,59 Prozent zurück. Im Jahresdurchschnitt wurden 7,07 Prozent berechnet.

Für die Entscheidung in besonders gelagerten Kreditfragen wurde ein Ausschuß (Kreditausschuß) gebildet. Ihm gehörten Sigmund Wassermann, Alfred Kurzmeyer und Wilhelm Radecke an[29]. Wassermann und Radecke schieden 1936 aus dem Kreditausschuß aus. An ihre Stelle traten Karl Winter (Dresdner Bank) und Richard Glaser (Commerz- und Privatbank).

Im Jahre 1936 beschloß der Aufsichtsrat einige Änderungen in der Geschäftstätigkeit. Der Vorstand wurde ermächtigt, von Privatbankiers am Platze tägliches Geld zu nehmen. Ferner wurde die Richtlinie für den Vorstand für die Gewährung von Lombarddarlehen auf eine Maximalhöhe von 500 000,– RM festgesetzt[30]. Darlehen in solcher Höhe sollten zu drei Fünfteln aus Termin- und zu zwei Fünfteln aus Tagesgeld zusammengesetzt sein. Sollten höhere Darlehen gewährt werden, mußte die Entscheidung des Kreditausschusses eingeholt werden. Schließlich konnte der Vorstand von diesem Zeitpunkt an auch Darlehen mit täglicher Kündigung gewähren.

Darlehensleistungen[31]

Jahr	Zahl der bewilligten Darlehen	bewilligte Darlehen in RM	Forderungen aus Lombard-geschäften gegen börsengängige Wertpapiere in RM	Anzahl der Kredit-nehmer
1932	266	4 698 100,–	3 253 000,–	48
1933	316	7 151 674,04	4 896 624,04	49
1934	412	7 955 400,–	5 509 400,–	53
1935	563	8 615 100,–	4 835 700,–	48
1936	871	12 988 913,25	5 405 300,–	55
1937	1320	16 546 100,–	4 218 800,–	45
1938	1161	21 072 200,–	2 385 200,–	29
1939	1385	–	3 578 200,–	30
1940	–	–	6 400 300,–	47
1941	–	–	4 776 600,–	39
1942	–	–	3 341 800,–	47
1943	–	–	1 843 600,–	40
1944	–	–	–	–

Mit Ausnahme der Jahre 1938, 1939 und 1942, in denen vier Prozent Dividende gezahlt wurde, fand keine Dividendenausschüttung statt. Die Zahlung einer Dividende war auch kein Geschäftsziel der Gesellschaft.

Wie aus der vorliegenden – leider unvollständigen – Aufstellung hervorgeht, entwickelte sich die Geschäftssituation der Berliner Lombardkasse durchaus positiv. Die Anzahl der Kreditnehmer schwankte zwischen 45 und 55 bis 1937 und ging dann, ähnlich wie die Forderungen aus Lombardgeschäften gegen börsengängige Wertpapiere, in den Jahren 1938 und 1939 doch erheblich zurück. Dies lag sicher an der außergewöhnlichen Börsensituation der Jahre 1938 und 1939, die mit dem Kriegsbeginn zusammenfiel.

Der Rückgang vor allem der Anzahl der Kreditnehmer in den Jahren 1938 und 1939 ist aber auch auf die Liquidation zahlreicher jüdischer Privatbankhäuser in Berlin zurückzuführen. Der Geschäftsbericht der Berliner Lombardkasse bemerkt hierzu[32]:

> »Im Berichtsjahre hat sich eine stärkere Umschichtung unserer Ausleihungen von Termingeldern in Gelder mit täglicher Kündigung vollzogen. Die sich hieraus ergebende Steigerung unserer Umsätze führte jedoch nicht zu einer Erhöhung unserer Gesamtausleihungen, da in den letzten Monaten des Jahres stärkere Rückzahlungen erfolgten. Diese Abdeckung der Lombards war zum Teil bedingt durch die im vergangenen Jahre erfolgte Liquidation von Privatbankfirmen, welche mit uns in Geschäftsverbindungen gestanden hatten.«

Es war klar, daß hier die Gesetzgebung 1938 mit der Liquidation jüdischer Banken und der »Arisierung« jüdischer Betriebe griff. Nachdem 1939 die Liquidationen und die »Arisierungen« der jüdischen Privatbankiers in Berlin vollzogen waren, stieg die Anzahl der Kreditnehmer 1940 wieder auf 47 an. Bereits 1935 mußte Sigmund Wassermann (Mitinhaber der Firma A. E. Wassermann) den Vorsitz im Aufsichtsrat niederlegen. Das gleiche Schicksal traf auch Hans Arnhold (Mitinhaber der Firma Gebrüder Arnhold). Sigmund Warburg und Albrecht Graf von Bernstorff (Aufsichtsratsmitglied der Lombardkasse von 1935 bis 1938) setzten sich seit Beginn der NS-Herrschaft 1933 intensiv dafür ein, jüdisches Kapital vor dem Zugriff des Regimes zu retten und den Flüchtlingen einen Neuanfang zu erleichtern. Graf von Bernstorff war ein entschiedener Gegner des NS-Regimes. Er wurde im April 1945 hingerichtet[33]. Auch die Berliner Lombardkasse Aktiengesellschaft mußte ihre personelle Besetzung in Vorstand und Aufsichtsrat nach den Vorgaben des nationalsozialistischen Regimes ausrichten.

Während sich das Geschäft der Lombardkasse 1940 noch einmal erholte und an die positive Zeit von vor 1938 anknüpfen konnte, gingen dann in den Kriegsjahren die Geschäfte kontinuierlich zurück. Leider liegen für die Jahre 1944 und 1945 keine Zahlen vor.

Mit Wirkung vom 1. August 1933 stellte die Liquidationskasse Aktiengesellschaft gemäß dem Beschluß der Mitgliederversammlung des Liquidationsvereins für Zeitgeschäfte an der Berliner Wertpapierbörse e. V. der Berliner Lombardkasse Aktiengesellschaft den Betrag von 500 000 RM als Darlehen zinsfrei zur Verfügung und übernahm die technische Abwicklung der Geschäfte der Berliner Lombardkasse Aktiengesellschaft. Im Gegenzug verpflichtete sich die Berliner Lombardkasse Aktiengesellschaft mit Wirkung vom 1. August 1933, die laufenden Unkosten des Liquidationsvereins für Zeitgeschäfte an der Berliner Wertpapierbörse e. V. und der Liquidationskasse Aktiengesellschaft zu übernehmen.

1935 gab es wesentliche Veränderungen im Aufsichtsrat der Lombardkasse AG[34]. Vorsitzender wurde Otto Kuhn (Mitinhaber der Firma Otto Markiewicz), stellvertretender Vorsitzender Joachim Kessler (Direktor der Deutschen Bank und Disconto-Gesellschaft).

Ferner gehörten dem Aufsichtsrat an:

- Botschaftsrat a. D. Albrecht Graf von Bernstorff (Generalbevollmächtigter der Firma A. E. Wassermann),
- Paul Hamel (persönlich haftender Gesellschafter der Firma Sponholz & Co. vorm. A. Herz Kommanditgesellschaft),
- Alfred Kurzmeyer (Einzelprokurist der Firma Mendelssohn & Co.),
- Karl Papenberg (persönlich haftender Gesellschafter der Firma Karl Papenberg Kommanditgesellschaft),
- Wilhelm Radecke (Abteilungsdirektor der Reichs-Kredit-Gesellschaft Aktiengesellschaft),
- Karl Winter (Abteilungsdirektor der Dresdner Bank),
- Louis Wirth (Mitinhaber des Bankhauses Gebrüder George).

1938 übernahm dann Karl Papenberg den Vorsitz von Otto Kuhn im Aufsichtsrat, Kuhn blieb weiterhin Mitglied des Aufsichtsrats. Papenberg blieb dann bis Ende des Krieges in dieser Position. Ende 1943 bestand der Aufsichtsrat neben Karl Papenberg (Vorsitz) aus:

- Josef Adam (Direktor der Deutschen Bank),
- Otto Kuhn (Inhaber des Bankhauses Otto Markiewicz), stellvertretender Vorsitzender,
- Erich Pindter (Direktor der Commerzbank),
- Nicolaus Wenz (Direktor der Berliner Handels-Gesellschaft),
- Karl Winter (Abteilungsdirektor der Dresdner Bank),
- Louis Wirth (Ratsherr der Reichshauptstadt, Mitinhaber des Bankhauses Gebrüder George).

Mit der Übernahme der technischen Abwicklung der Geschäfte der Berliner Lombardkasse Aktiengesellschaft am 1. Mai 1938 durch die Bank des Berliner Kassen-Vereins änderte sich auch die Vorstandszusammensetzung. Mit diesem Tage traten in den Vorstand Richard Schacht und Ernst Richter ein (beide Vorstandsmitglieder der Bank des Berliner Kassenvereins und der Liquidationskasse AG). Nachdem 1942 Schacht aus dem Vorstand ausgeschieden war, leitete Richter als alleiniges Vorstandsmitglied die Berliner Lombardkasse AG. Der Berliner Kassen-Verein war 1942 zusammen mit der Liquidationskasse AG liquidiert worden.

Am Grundkapital der Berliner Lombardkasse waren Ende 1944 folgende Banken und Bankiers beteiligt:

Deutsche Bank AG	230 000,– RM
Commerzbank AG	148 000,– RM
Dresdner Bank AG	103 000,– RM
Reichskreditgesellschaft	75 000,– RM
Seehandlung	75 000,– RM
Hardy & Co. GmbH	54 000,– RM
Berliner Handels-Gesellschaft	50 000,– RM
Deutsche Verkehrs-Kredit-Bank AG	50 000,– RM
Jacquíer & Securius	22 000,– RM
v. Heinz, Tecklenburg & Co.	16 000,– RM
Merck, Finck & Co.	15 000,– RM

Delbrück, Schickler & Co.	15 000,– RM
Bank der Deutschen Arbeit	12 000,– RM
Deutsche Unionbank AG	10 000,– RM
Gebr. George	10 000,– RM
Otto Markiewicz	10 000,– RM
Sponholz & Co.	10 000,– RM
Deutsche Effecten- u. Wechsel-Bank	8 000,– RM
A. Fricke & Co.	8 000,– RM
Comes & Co.	8 000,– RM
Firma Gebr. Berlinicke Bkg	8 000,– RM
Deutsche Überseebank	8 000,– RM
Sponholz, Ehestädt & Schröder	8 000,– RM
E. I. Meyer	8 000,– RM
Karl Papenberg	6 000,– RM
C. Haslinger Söhne	5 000,– RM
Loewenherz	4 000,– RM
Benno Stern	4 000,– RM
AG für Waren u. Wertpapiere	4 000,– RM
Adolf Becker	2 000,– RM
Allgem. Wirtschaftsbank	2 000,– RM
sonstige	12 000,– RM
	1 000 000,– RM

Ende des Zweiten Weltkriegs mußte die Berliner Lombardkasse Aktiengesellschaft ihre Geschäftstätigkeit einstellen.

IV. Zur Untätigkeit verurteilt

Neugestaltung des Bankwesens

Die Zerschlagung des Bankwesens und die Dezentralisierung begannen sofort nach der Kapitulation und der Beendigung des Krieges am 8. Mai 1945 aufgrund des im Verordnungsblatt der Stadt Berlin vom 10. Juni 1945 abgedruckten Befehls Nr. 1 des Stadtkommandanten Generaloberst Nikolai Bersarin vom 28. April 1945, in dem es unter anderem hieß:

> »Inhaber von Bankhäusern und Bankdirektoren haben alle Finanzgeschäfte zeitweilig einzustellen. Alle Safes sind sofort zu versiegeln. Man hat sich bei den militärischen Kommandaturen mit einem Bericht über den Zustand des Bankwesens zu melden. Allen Bankbeamten ist kategorisch verboten, jegliche Werte zu entnehmen.«[35]

Am 2. Mai 1945 war die »Schlacht um Berlin« beendet. Das Bankenviertel wurde in den nächsten Tagen von russischen Truppen systematisch besetzt und ausgeplündert. Durch die später so genannte »Ruhe-Anordnung« des Berliner Magistrats vom 5. Juni 1945 wurde nicht nur der bisherige Berliner Bankenapparat stillgelegt und lediglich das Berliner Stadtkontor zugelassen, sondern alle Banken, die ihren Sitz in Berlin hatten, wurden geschlossen[36]. Auch die Berliner Lombardkasse Aktiengesellschaft in der Oberwallstraße 3–4 im sowjetischen Sektor fiel unter die Altbankengesetzgebung, das heißt es war ihr verboten, ihre ursprüngliche Tätigkeit weiter auszuüben.

Am 2. Juli 1945 rückten in Berlin amerikanische und englische Truppen ein. Im Austausch erhielten die Russen Thüringen sowie westliche Teile Sachsens und Mecklenburgs. Es folgte die Aufteilung Berlins in vier Sektoren, wobei das gesamte Bankenviertel im sowjetischen Sektor verblieb. Die sowjetischen Machthaber beschlossen, neue Institute zu gründen. An die Stelle der ehemaligen Berliner Banken traten Landes- und Provinzialbanken, für Großberlin das Berliner Stadtkontor. Hinzu kamen Kreis- und Stadtbanken, Genossenschaftsbanken und schließlich auch Sparkassen. Einige kleinere Privatbanken, die erneut zugelassen wurden, erlangten jedoch keine Bedeutung.

Ende des Jahres 1945 verfaßte der Amerikaner Joseph M. Dodge einen Bankenplan, in dem er vor allem die Zerschlagung der Großbanken vorschlug. Der Alliierte Kontrollrat beriet auf der Basis dieses Planes am 21. Oktober 1946 in einer schwierigen Sitzung über die Zukunft der Großbanken. Er ging hierbei von den Grundsätzen der Potsdamer Konferenz aus. Dort war beschlossen worden, zum frühestmöglichen Zeitpunkt die deutsche Wirtschaft »zum Zwecke der Abschaltung der gegenwärtig zu starken Konzentration der Wirtschaftskraft«, die sich insbesondere durch Kartelle, Syndikate, Trusts und andere monopolartige Gebilde darstelle, zu dezentralisieren. In dieser Sitzung des Alliierten Kontrollrats wurde von amerikanischer Seite vorgeschlagen, die deutschen Großbanken aufzulösen und im Status von Länderbanken weiterzuführen. Gleichzeitig wurde beschlossen, einen alliierten Bankrat und einen zentralen Bankenausschuß zu bilden. Diesem Plan stimmten die englische, die amerikanische und die französische Delegation zu, während der sowjetische Delegierte auf der sofortigen Auflösung der deutschen »Bankmonopole« bestand, wie dies in den Potsdamer Beschlüssen vorgesehen war.

Die Diskussion über den Dodge-Plan wurde in der amerikanischen Zone unter Mitwirkung von Vertretern der Deutschen Bank, der Dresdner Bank und der Commerzbank geführt, die bereits in einer Sitzung am 11. Juli 1946 in Stuttgart große Bedenken gegen eine Dezentralisierung der drei Großbanken vorgebracht hatten[37]. Die amerikanische Militärregierung erließ dann am 6. Mai 1947 das Gesetz Nr. 57, aufgrund dessen die in der amerikanischen Zone gelegenen Filialbezirke der Deutschen Bank, der Dresdner Bank und der Commerzbank abgetrennt und für jedes Land neue Institute geschaffen wurden. Die gleichzeitig bestellten Verwalter dieser neuen Banken erhielten den Auftrag, den Firmennamen in der Weise zu ändern, daß der neue Name in keiner Weise auf den früheren Bezug nahm. Am 1. Oktober 1947 folgte auch die französische Militärregierung mit einer gleichlautenden Anordnung für die französische Zone dem amerikanischen Beispiel.

Lediglich die englische Militärregierung hielt sich anfangs stark zurück. Sie lehnte eine Zerschlagung des in jahrzehntelanger Entwicklung entstandenen Apparats der Großbanken ab und plädierte für die Aufrechterhaltung des alten Systems in ihrer Zone. Erst am 1. April 1948 folgte auch die englische Militärregierung dem amerikanischen und französischen Beispiel.

Die westlichen Besatzungszonen wurden in elf Bankbezirke aufgeteilt. Kein Kreditinstitut mit kurzfristigem Kreditgeschäft durfte Niederlassungen außerhalb der Grenzen desjenigen Bankbezirks unterhalten, in dem es seinen Hauptsitz hatte[38]. Diese Nachfolgeinstitute der drei Großbanken im Gesamtbereich der drei Westzonen waren Niederlassungen zwar de facto, jedoch nicht de jure, da diese keine eigene Rechtsform besaßen.

Nach der Errichtung der Bank deutscher Länder im März/April 1948, der Währungsreform am 20./21. Juni 1948 und der Gründung der Bundesrepublik Deutschland im Mai 1949 wurden durch das Gesetz über den Niederlassungsbereich von Kreditinstituten vom 29. März 1952 die bis dahin geltenden Verordnungen der Besatzungsmächte aufgehoben. An die Stelle der elf Bankbezirke traten drei größere Bezirke.

Aus den 30 Nachfolgeinstituten wurden je drei Nachfolgeinstitute der drei Filialgroßbanken.

	Kapital in Mio. DM
für die Deutsche Bank:	
Norddeutsche Bank AG, Hamburg	20
Rheinisch-Westfälische Bank AG, Düsseldorf	40
Süddeutsche Bank AG, München	40
für die Dresdner Bank:	
Hamburger Creditbank AG, Hamburg	14
Rhein-Ruhr-Bank AG, Düsseldorf	24
Rhein-Main-Bank AG, Frankfurt am Main	24
für die Commerzbank:	
Commerz- und Discontobank AG, Hamburg	12,5
Bankverein Westdeutschland AG, Düsseldorf	27,5
Commerz- und Creditbank AG, Frankfurt am Main	10

In den folgenden Jahren betrieben die Vertreter der ehemaligen drei Großbanken gezielt die Wiedervereinigung dieser Nachfolgeinstitute. Bereits im Jahre 1955 schlossen sich die Institute der drei Nachfolgebanken zu einem sogenannten »Gewinnpool« zusammen. Dieser sollte die finanzielle Kraft jedes Nachfolgeinstituts stärken und die Aktionäre vor finanziellen Nachteilen aus der Aufteilung der Großbanken schützen. Seit Beginn des Jahres 1956 wurde die Aufhebung des »Großbankengesetzes« von 1952 von den Nachfolgeinstituten und der Bundesrepublik gefordert. Ende des Jahres war dieses Ziel erreicht. Aufgrund des Gesetzes zur Aufhebung der Beschränkung des Niederlassungsbereichs von Kreditinstituten vom 24. Dezember 1956 war es den Nachfolgeinstituten der alten Großbanken wieder möglich, sich zu einem einheitlichen Kreditinstitut zu vereinigen. So entstanden 1957 wieder die Deutsche Bank Aktiengesellschaft und die Dresdner Bank Aktiengesellschaft. 1958 folgte die Commerzbank Aktiengesellschaft. Damit war für die drei Großbanken organisatorisch das Kapitel der Nachkriegszeit abgeschlossen.

Auch in anderen Bereichen der Wirtschaft erlangte das Jahr 1957 eine positive Bedeutung. Mit dem Erreichen der Vollbeschäftigung war ein wirtschaftspolitisches Hauptproblem der Nachkriegszeit gelöst. 1957 wurde mit der Gründung der Deutschen Bundesbank auch eine teilweise Rezentralisierung des Notenbanksystems in Westdeutschland herbeigeführt. Die Zahlungsbilanzsituation war inzwischen aufgrund der deutschen Exporterfolge und der Kapitalzuflüsse aus dem Ausland so positiv, daß die Devisenbewirtschaftung abgebaut und die volle Konvertibilität der DM noch 1957 de facto und 1958 de jure eingeführt werden konnte. Am 10. Juli 1958 wurde in einem Bundesverwaltungsgerichtsurteil abschließend festgestellt, daß die Gewerbefreiheit auch für Banken gilt und daß die Bankenaufsicht den Nachweis eines Bedarfs nicht mehr als Zulassungsvoraussetzung für eine Bankgründung fordern darf.

Die Berliner Lombardkasse – ein Institut ohne Geschäftstätigkeit

Allerdings waren die drei Großbanken rechtlich gesehen Neubildungen, während ihre Vorgängerinstitute der Altbankgesetzgebung der Alliierten unterstanden. Auch die Berliner Lombardkasse Aktiengesellschaft fiel unter die Altbankengesetzgebung. Den gesetzlichen Vorschriften entsprechend wurde zum 1. Januar 1953 die vorläufige Altbankenrechnung erstellt. Am 12. Dezember 1955 erkannte der Berliner Senator für Wirtschaft und Kredit der Berliner Lombardkasse Aktiengesellschaft mit Bestätigungsbescheid eine Ausgleichsforderung in Höhe von 138 985,10 DM zu. In der Altbankenrechnung ergab sich ein vorläufiges Eigenkapital von

175 998,50 DM. Die DM-Eröffnungsbilanz, die zum 1. Januar 1953 aufgestellt wurde, zeigte deutlich, daß nicht mehr viel von der Berliner Lombardkasse übriggeblieben war.

Berliner Lombardkasse Aktiengesellschaft, Berlin
DM-Eröffnungsbilanz zum 1. Januar 1953[39]

Aktiva	
1. Barreserven	2 609,20
2. Forderungen an ehemalige Makler	35 616,71
3. Ausgleichsforderungen gem. § 45 UEG	138 985,10
4. Geschäftseinrichtung	200,–
	177 411,01
Passiva	
1. Verbindlichkeiten gegenüber VAB	812,51
2. Kosten der Prüfung der Altbankenrechnung	600,–
3. Grundkapital	100 000,–
4. gesetzliche Rücklage	75 000,–
5. freie Rücklage	998,50
	177 411,01

Die Eröffnungsbilanz wurde von der Deutsche Waren-Treuhand-Aktiengesellschaft, Wirtschaftsprüfungsgesellschaft, im März 1954 geprüft und am 22. Dezember 1958 testiert.

Die in der Bilanz vom 31. Dezember 1953 auf der Aktivaseite eingestellten Vermögenswerte bezogen sich außer den Barreserven und Ausgleichsforderungen auf Forderungen an ehemalige Makler, die jedoch im folgenden Jahr abgedeckt wurden, sowie auf Zinsforderungen, Ausgleichsforderungen und die Geschäftseinrichtung. Die auf der Passivaseite eingestellte Rückstellung diente zur Deckung der Prüfungsgebühren der Altbankenrechnung der Berliner Lombardkasse. In der Gewinn- und Verlustrechnung erschienen auf der Ertragsseite Zinsen von freien Maklern und aus Ausgleichsforderungen. Die Bruttobezüge des Vorstands betrugen 6000,– DM, der Aufsichtsrat hatte in dieser Zeit keine Entschädigung erhalten.

Berliner Lombardkasse Aktiengesellschaft, Berlin
Jahresbilanzen zum 31.12.1953 bis 31.12.1960 in DM[40]

	1953	1954	1955	1956	1957	1958	1959	1960
Aktiva								
Kassenbestand	24,28	58,44	13,87	84,03	14,60	164,81	164,81	192,52
Landeszentralbank-Guthaben	20 269,62	19 931,01	11 627,03	17 466,19	5 269,55	9 754,76	9 754,76	11 682,56
Forderungen an ehemalige Makler	85 66,52	–	–	–	–	–	–	–
Geschäftseinrichtung	150,00	100,00	50,00	50,00	1,00	1,00	1,00	1,00
Ausgleichsforderungen	138 985,10	138 985,10	138 985,10	138 290,17	136 142,24	124 967,51	124 967,51	122 082,65
Zinsforderungen auf Ausgleichsforderungen	4 169,55	8 339,10	12 508,65	2 074,36	–	–	–	–
Verlustvortrag	–	4 433,43	8 584,85	12 813,85	18 033,75	34 571,11	34 571,11	41 936,35
Verlust bzw. Gewinn	4 433,43	4 151,42	4 229,00	5 219,90	16 537,36	9 539,31	9 531,39	103,42
	176 598,50	175 998,50	175 998,50	175 998,50	175 998,50	175 998,50	175 998,50	175 998,50
Passiva								
Rückstellung	600,00	–	–	–	–	3 000,00	–	–
Grundkapital	100 000,00	100 000,00	100 000,00	100 000,00	100 000,00	100 000,00	100 000,00	100 000,00
gesetzliche Rücklage	75 000,00	75 000,00	75 000,00	75 000,00	75 000,00	75 000,00	75 000,00	75 000,00
freie Rücklage	998,50	998,50	998,50	998,50	998,50	998,50	998,50	998,50
	176 598,50	176 598,50	176 598,50	176 598,50	176 598,50	176 598,50	176 598,50	176 598,50

In den folgenden Jahren wurden ebenfalls keine Geschäfte getätigt. Im Jahre 1954 erfolgten die letzten Rückzahlungen von Maklern. Die Zinserträge betrafen im wesentlichen Zinsen auf Ausgleichsforderungen, die in der Bilanz als Forderungen aktiviert wurden. Wie arm die Lombardkasse zu jener Zeit war, geht allein schon aus der Tatsache hervor, daß im Jahre 1954 50,– DM eine Olivetti-Schreibmaschine abgeschrieben wurde. Die Bruttobezüge des Vorstands betrugen unverändert 6000,– DM, während der Aufsichtsrat weiterhin keine Entschädigung erhielt.

Der Geschäftsbericht für 1955 hatte nichts Neues zu berichten. 1956 gingen von der Bundesschuldenverwaltung in Bad Homburg am 28. März 12 508,68 DM für drei Prozent Zinsen und 936,42 DM für Nachzinsen auf die Ausgleichsforderung ein. Erstmals wurden 694,93 DM auf die Ausgleichsforderungen bis zum 31. Dezember 1956 getilgt.

Im Jahre 1957 wurden an das Hauptfinanzamt für Körperschaften von Berlin Steuernachzahlungen für die Jahre 1953 bis 1957 sowie Nachzahlungen für Währungsnotopfer, Notopfer und Solidaritätsopfer für die Jahre 1949–52 abgeführt. Die Aufwendungen erhöhten sich in der Gewinn- und Verlustrechnung um diesen Betrag.

Im Oktober 1958 wurden an die Bundesbank 10 000,– DM Ausgleichsforderungen verkauft.

Seit dem 1. Oktober 1958 wurden die Abwicklungsarbeiten der Berliner Lombardkasse ehrenamtlich erledigt, das heißt das Vorstandsmitglied Rudolf Kastner erhielt keine Bezüge mehr. Den Aufsichtsrat bildeten in dieser Zeit bis 1960 Otto Kuhn als Vorsitzender, Josef Adam (Rheinisch-Westfälische Bank AG, Düsseldorf) und Karl Winter (Rhein-Ruhr-Bank, Düsseldorf). Da der Sitz der Lombardkasse sich im Ostsektor Berlins befand, gingen dort laut Aussage der Bankenkommission sämtliche Unterlagen verloren. Im September 1951 wurde eine Verwaltungsstelle der Berliner Lombardkasse AG in Berlin-Wilmersdorf, Livländische Straße 11, eingerichtet[42]. Zu

Berliner Lombardkasse Aktiengesellschaft, Berlin

Gewinn- und Verlustrechnungen für die Geschäftsjahre 1953–60 in DM[41]

	1953	1954	1955	1956	1957	1958	1959	1960
Aufwendungen								
Personalaufwendungen	3 669,16	5 435,08	5 574,36	5 582,13	5 522,80	4 255,20	–	–
soziale Aufwendungen	1 414,04	629,28	668,28	754,58	970,00	465,00	–	–
sonstige Unkosten	2 551,01	1 462,07	1 612,34	1 604,01	1 503,50	6 343,04	2 264,37	1 500,92
Steuern und ähnliche Abgaben	1 652,33	679,27	493,57	2 374,77	12 608,90	2 489,20	2 300,00	2 298,00
Abschreibungen	50,00	50,00	50,00	–	49,00	–	–	–
Zinsnachlaß	–	65,27	–	–	–	–	–	–
Jahresgewinn	–	–	–	–	–	–	2 174,07	–
	9 336,54	8 320,97	8 398,55	10 315,49	20 654,20	13 552,44	6 738,44	3 798,92
Erträge								
3 % Zinsen auf Ausgleichsforderungen	4 169,55	4 169,55	4 169,55	4 159,17	4 116,84	4 013,13	3 738,44	3 695,50
5 % Nachzinsen auf Ausgleichsforderungen	–	–	–	936,42	–	–	–	–
Zinsen auf Forderungen	733,56	–	–	–	–	–	–	–
Jahresverlust	4 433,43	4 151,42	4 229,00	5 219,90	16 537,36	9 539,31	–	103,42
außerordentliche Erträge	–	–	–	–	–	–	3 000,00	–
	9 336,54	8 320,97	8 398,55	10 315,49	20 654,20	13 552,44	6 738,44	3 798,92

keinem Zeitpunkt stand fest, ob die Berliner Lombardkasse Aktiengesellschaft einen Antrag gemäß § 4 Altbankengesetz auf Neuzulassung stellen werde. Sie blieb vorläufig ein ruhendes Institut. Die Verwaltungsstelle in Berlin-Wilmersdorf war die Privatwohnung des Vorstandsmitglieds Rudolf Kastner.

Auf der Tagesordnung der Hauptversammlung vom 9. September 1958 stand unter anderem auch die Beschlußfassung über die Liquidation der Gesellschaft. Dieser Punkt wurde allerdings durch einstimmigen Beschluß der Hauptversammlung von der Tagesordnung abgesetzt. Die Aktionäre hielten es nicht für gerechtfertigt, die Berliner Lombardkasse AG, die früher erfolgreich und nutzbringend gearbeitet hatte, untergehen zu lassen. Es bestand vielmehr ein allseitiges Interesse, die Lombardkasse zu reaktivieren[43].

V. Die Reaktivierung der Berliner Lombardkasse Aktiengesellschaft

Seit Dezember 1958 wurde von Bankier Otto Kuhn (bis 16. November 1958 Vorsitzender des Aufsichtsrats der Berliner Lombardkasse), von Hans Feith (Vorsitzender des Aufsichtsrats vom 17. November 1958, Generalbevollmächtigter und seit 1959 Vorstandsmitglied der Deutschen Bank) und von Günther Langhoff (Dresdner Bank) die Zulassung zum Neugeschäft ernsthaft betrieben[44]. Den Beteiligten war von Anfang an klar, daß eine Verlagerung der Berliner Lombardkasse nach Frankfurt am Main, dem zentralen Bank- und Börsenplatz der Bundesrepublik Deutschland nach dem Zweiten Weltkrieg, unabdingbar war. Um eine Neuzulassung zu erreichen, war zudem die Zustimmung des Berliner Senators für Wirtschaft und Kredit (Bankenaufsicht) sowie des Hessischen Ministers für Arbeit, Wirtschaft und Verkehr notwendig.

Mit Schreiben vom 24. Dezember 1958 an den Senator für Wirtschaft und Kredit in Berlin stellten der Aufsichtsratsvorsitzende Hans Feith und der stellvertretende Aufsichtsratsvorsitzende Günther Langhoff sowie das einzige Vorstandsmitglied Rudolf Kastner den Antrag auf Zulassung zum Neugeschäft:

> »Die unterzeichnete Berliner Lombardkasse Aktiengesellschaft, Berlin, stellt als ruhendes Kreditinstitut im Sinne des Berliner Altbankengesetzes vom 10. Dezember 1953 den Antrag auf Zulassung zum Neugeschäft.«[45]

In der Begründung führten die Unterzeichner aus:

> »Bislang ermangelt es erfahrungsgemäß den Börsenplätzen an einer leistungsfähigen Kulisse, die ihre Aufgabe als Kurs-

regulativ in wirksamer Weise erfüllen kann. Von der Möglichkeit einer Lombardierung bei den Landeszentralbanken können z. B. Makler keinen Gebrauch machen, da diese Geschäfte gesetzlich den Kreditinstituten vorbehalten sind und außerdem voraussetzen, daß die zu lombardierenden Wertpapiere in dem von der Deutschen Bundesbank veröffentlichten ›Verzeichnis der bei den Landeszentralbanken beleihbaren Wertpapiere‹ enthalten sind. In dieses Lombardverzeichnis können auf Antrag nur solche Industrie-Obligationen aufgenommen werden, die durch den Bund oder ein Land verbürgt sind. Bei einer Lombardkasse können dagegen alle Effekten, die nach deren sachgemässen Ermessen als Beleihungsgrundlage gelten, als Beleihungsgrundlage lombardiert werden.

Es ist beabsichtigt, nach Genehmigung des Antrages auf Zulassung zum Neugeschäft vorerst in Frankfurt am Main einen Verwaltungssitz und bei Bedarf an anderen Börsenplätzen Außenstellen zu errichten, da alle Börsen, also auch die Berliner Börse, die Möglichkeit haben sollen, an der von der Lombardkasse durchzuführenden Versorgung mit Börsengeld teilzunehmen. Die hierfür technisch erforderlichen Modalitäten sollen in Zusammenarbeit mit den örtlich zuständigen Kassenvereinen zu gegebener Zeit geregelt werden.«

Im selben Brief wurde vorgeschlagen, das Kapital von 1 Mio. RM im Verhältnis 10:1 auf 100 000,– DM zu kürzen und eine Kapitalerhöhung um 400 000,– DM auf 500 000,– DM durch Ausgabe neuer Namensaktien im Gesamtnennbetrag von 400 000,– DM, die mit 25 Prozent einbezahlt werden sollten, vorzunehmen. Die Unterzeichner hielten »eine höhere Kapitalausstattung weder rechtlich notwendig noch praktisch erforderlich, da die aus der Geldhingabe folgenden Engagements nach den Beleihungsgrundsätzen der Berliner Lombardkasse AG mit Nachschußpflicht gedeckt werden«. Dem Schreiben beigefügt wurden die DM-Eröffnungsbilanz zum 1. Januar 1953 sowie die Jahresabschlüsse vom 31. Dezember 1953 bis 1958.

Am 7. Januar 1959 teilte das Vorstandsmitglied Rudolf Kastner dem Hessischen Minister für Arbeit, Wirtschaft und Verkehr in Wiesbaden mit, daß der Antrag auf Neuzulassung beim Senator für Wirtschaft und Kredit (Bankenaufsicht) gestellt sei und daß beabsichtigt sei, den Sitz der neuen Gesellschaft nach Frankfurt am Main zu verlegen. Er betonte in diesem Schreiben, »daß die Ausgleichsforderungen der Berliner Lombardkasse AG die Hessische Finanzkasse in keiner Weise belasten, da es sich um Bundesausgleichsforderungen handelt«[46]. Der Senator für Wirtschaft und Kredit (Bankenaufsicht) in Berlin beantwortete das Schreiben am 8. April 1959 und teilte dem Aufsichtsrat der Berliner Lombardkasse Aktiengesellschaft mit:

> »Auf Ihren Antrag vom 24. Dezember 1958 teile ich Ihnen mit, daß ich mich mit der Bankenaufsichtsbehörde Hessen in Verbindung gesetzt habe, da beabsichtigt ist, vorerst in Frankfurt am Main einen Verwaltungssitz zu errichten, und mir bekannt ist, daß im Bundesgebiet von den Bankenaufsichtsbehörden zumeist ein höheres Kapital verlangt wird, als es von Berliner Altbanken von mir bisher gefordert wurde. Wie mir telephonisch mitgeteilt war, hatten auch Sie bereits mit dieser Stelle Fühlung genommen.
>
> Die Bankaufsichtsbehörde Hessen teilt mir auf meine Anfrage mit, daß sie gegen die Errichtung eines Verwaltungssitzes in Frankfurt am Main keine Einwendungen erheben würde, jedoch empfiehlt, die Zulassung zum Neugeschäft unter der Auflage zu erteilen, daß das Grundkapital der Gesellschaft um DM 900.000,– auf DM 1.000.000,– erhöht wird, wovon vorerst 30 bis 40 % einbezahlt werden müßten.«[47]

Da der Senator für Wirtschaft und Kredit (Bankenaufsicht) in Berlin sich dieser Auffassung anschloß, entstand im Aufsichtsrat der Berliner Lombardkasse AG eine heftige Diskussion über die Höhe des Aktienkapitals. Otto Kuhn schlug einen Kompromiß vor: anstelle der empfohlenen Erhöhung um 900 000,– DM eine Erhöhung um 400 000,– DM vorzunehmen und letztere mit 50 Prozent einzubezahlen[48]. Aber auch diesen Kompromiß lehnten die Berliner und Wiesbadener Behörden ab. Am 20. Mai 1959 machte Kuhn, der die Verhandlungen führte, einen neuen Versuch, seinen Vorschlag durchzusetzen. Er begründete diesen damit, daß die hessische Aufsichtsbehörde von Voraussetzungen ausgehe, die mindestens für das Anfangsstadium einen Vergleich mit der früheren Tätigkeit nicht biete. Er vertrat die Meinung, daß früher an der Zentralbörse Berlin vornehmlich eine aus über 600 Firmen bestehende Kulisse mit Börsengeld versorgt werden mußte, heute aber bei dem Vorhandensein der acht Regionalbörsen die Dinge wesentlich anders lägen. Der Kreis der Firmen, die auf die Lombardkassen zukommen dürften, würde wesentlich kleiner sein als früher. Hinzu käme, daß diese Firmen nur zum Teil ihre gesamte Börsengeldversorgung über die Lombardkasse decken würden, weil Werte mit besonders hohem Kursniveau in der Regel nicht Gegenstand von Lombardgeschäften sein würden.

Auch die Deutsche Bank lehnte eine Kapitalerhöhung um 900 000,– DM ab. Die Rechtsabteilung der Deutschen Bank schloß sich im wesentlichen den Argumenten von Otto Kuhn an und fügte noch hinzu, daß die Großbanken mit Krediten hinter der neuen Lombardkasse stehen würden. Aus diesem Grunde habe die Kapitalausstattung ohnehin eine mehr formale Bedeutung. Darüber hinaus seien die Engagements durch eine Nachschußpflicht gedeckt. Schließlich bestünde die Gefahr, daß die Aktionäre sich an einer Kapitalerhöhung um 900 000,– DM bei 30- bis 40prozentiger Einzahlung nicht beteiligen würden. Für die Neuerrichtung der Lombardkasse bestehe jedoch ein echtes Bedürfnis; einmal als Kursregulativ, zum anderen aber auch deswegen, weil bisher keine Lombardierungsmöglichkeit für Makler bei den Landeszentralbanken bestünde. Die Lombardierungsmöglichkeiten für Banken bei der Landeszentralbank seien eingeschränkt, da nicht alle Papiere lombardfähig seien[49].

Die Behörden in Berlin und Wiesbaden gingen jedoch auf diese Argumente nicht ein, so daß dem Aufsichtsrat nur zwei Möglichkeiten blieben: die Gründung des Instituts zu unterlassen oder die Umstellung des Kapitals nach der Maßgabe der Berliner und Wiesbadener Behörde durchzuführen. Nach längeren Verhandlungen mit der hessischen Bankenaufsichtsbehörde stimmte diese folgender Kapitalausstattung der Lombardkasse zu:

Umstellung 10:1	100 000,– DM
weiteres Nominalkapital	900 000,– DM
gesamtes Nennkapital	1 000 000,– DM

Die 900 000,– DM sollten zu 25 Prozent einbezahlt werden, also mit 225 000,– DM. Das effektive Gesamtkapital betrug somit 325 000,– DM[50]. Diesem Vorschlag stimmten Hans Feith, Otto Kuhn und Günther Langhoff vom Aufsichtsrat der Berliner Lombardkasse schließlich zu, so daß einer Neuzulassung zum Geschäft nichts mehr im Wege stand. Am 27. Oktober 1959 teilte der Aufsichtsrat dem Hessischen Minister für Wirtschaft, Soziales und Arbeit (Bankenaufsicht) sein Einverständnis mit. Der Senator für Wirtschaft und Kredit (Bankenaufsicht) in Berlin stellte daher unter dem Datum des 9. November 1959 den Bescheid über die Zulassung zum Neugeschäft aus.

> »Auf Grund des dem Senator für Wirtschaft und Kredit – Bankenaufsicht – erbrachten Nachweises über das Vorhandensein der Art und der Höhe nach angemessener Mittel gemäß § 4, Abs. 1 des Altbankengesetzes wird hiermit die Berliner Lombardkasse Aktiengesellschaft nach § 4, Abs. 2 AltbG zum Neugeschäft zugelassen.«[51]

Der Aufsichtsrat befaßte sich in den folgenden Monaten mit der Erstellung einer neuen Satzung sowie der Tagesordnung für die Einberufung einer Hauptversammlung der Berliner

Lombardkasse Aktiengesellschaft. In der neuen Satzung waren insbesondere die Passagen zu ändern, die die Namensänderung betrafen sowie die neue Ausrichtung des Instituts. Diese Arbeiten nahmen das gesamte Jahr 1960 und die ersten vier Monate des Jahres 1961 in Anspruch. Schließlich konnte die Hauptversammlung am 15. Mai 1961 stattfinden und die neu zu errichtende

Lombardkasse Aktiengesellschaft, Berlin, mit Verwaltungssitz in Frankfurt am Main,

bestätigen. In dieser ordentlichen Hauptversammlung vom 15. Mai 1961 wurde beschlossen, das Grundkapital von 100 000,– DM auf 1 000 000,– DM durch Ausgabe von 900 000,– DM neuen, auf den Inhaber lautenden Aktien in Nennbeträgen zu 1000,– DM und 100,– DM zum Kurs von 100 Prozent zu erhöhen. Das gesetzliche Bezugsrecht der Aktionäre war hierbei ausgeschlossen. Auf die 900 000,– DM neuen Aktien, dividendenberechtigt ab 1. Januar 1961, war eine Einzahlung von 25 Prozent des Nennbetrags zu leisten. Die Deutsche Bank zeichnete die 900 000,– DM neuen, auf den Inhaber lautenden Aktien und 1000 Aktien zu 100,– DM. Der juristische Sitz der Lombardkasse blieb Berlin, während der Verwaltungssitz sich seit dem 15. Mai 1961 in Frankfurt am Main befindet. Die Umbenennung von »Berliner Lombardkasse Aktiengesellschaft« in »Lombardkasse Aktiengesellschaft« trug nicht nur dieser Tatsache Rechnung, sondern ließ auch die Möglichkeit offen, bei Bedarf an anderen Börsenplätzen Außenstellen zu errichten.

Der Vorstand bestand lediglich aus Ernst Mertz, der von 1920 bis 1929 Leiter der ersten Depositenkasse des Bankhauses L. Pfeiffer in Kassel war. Er wechselte nach der Fusion von L. Pfeiffer mit der Deutschen Bank und Disconto-Gesellschaft im Jahre 1929 zur Deutschen Bank. Den ersten Aufsichtsrat bildeten:

- Wilhelm Balzer, Deutsche Bank, Frankfurt am Main, Vorsitzender,
- Günther Langhoff, Dresdner Bank, Frankfurt am Main, stellvertretender Vorsitzender,
- Otto Kuhn, Berlin.

VI. Die Lombardkasse – ein Dienstleistungsinstitut zwischen Börse und Makler

Schwieriger Start

Der Beginn der Geschäftstätigkeit der Lombardkasse Aktiengesellschaft Berlin mit Verwaltungssitz in Frankfurt am Main fiel in eine bewegte Zeit. Die deutschen Börsen waren seit 1955 an den Kapitalmarkt zurückgekehrt, und das Wertpapiergeschäft mit dem Ausland hatte seit 1958 vor allem am Bankplatz Frankfurt am Main an Bedeutung gewonnen. Die wiedergewonnene Konvertibilität der Währung und die Kreditwürdigkeit im Ausland beeinflußten die gesamte Wirtschaftsentwicklung und gleichzeitig auch die Börse äußerst positiv. Anfang Juni 1960 reagierte die Bundesbank mit einer Diskonterhöhung um ein volles Prozent auf fünf Prozent. Diese »währungspolitische Breitseite«[52] gegen die Konjunkturüberhitzung war jedoch ein Fehlschlag, da nun das Geld in Sturzbächen vom Ausland hereinströmte. Die Folge war, daß die Bundesbank Anfang Mai 1961 den Diskontsatz in drei Abschnitten von fünf auf drei Prozent herabsetzen mußte.

Bereits am 6. März 1961 hatte die DM-Aufwertung für Unruhe gesorgt. Die Unternehmen wehklagten, und die Börse wurde kräftig durchgeschüttelt. Am Wochenende der Aufwertung stürzten die Kurse nach dem Commerzbank-Index von 883 auf 835. Es sollte zwei Monate dauern, bis dieser Rückgang wieder aufgeholt war. Nach dieser Erholung folgten weltpolitische Probleme. Am 13. August wurde die Berliner Mauer errichtet, auch hierauf erfolgten Kurseinbrüche. Per Saldo blieb ein deutliches Jahresminus, in dem die Sonderhausse bei VW-Aktien im Frühjahr 1961 bei einem Kursanstieg von 350 DM auf 1105 DM eine Sonderstellung einnahm. Aber es wurde nicht nur der rabattberechtigte Volksaktienempfänger entdeckt, sondern auch der Arbeitnehmer als Vermögensträger gefordert. Mit dem 312-DM-Gesetz wurde ein weiterer Schritt in die soziale Marktwirtschaft getan. Obwohl die Wirtschaft mit einigen Negativnachrichten, so zum Beispiel dem Borgward-Konkurs, die Anleger schockte, blieb das Ausland hiervon unberührt.

Das »Wirtschaftswunder« und die Auswirkungen der EWG veranlaßten vor allem Käufer aus den USA, an den deutschen Börsen tätig zu werden. Ende 1961 war die Zahl der offiziellen Besucher an der Frankfurter Börse mit 474 höher als im Jahre 1913. Mit 6,1 Mrd. DM Aktien und 3,5 Mrd. DM festverzinslicher Wertpapiere waren die Neuzulassungen dieses Jahres bei den Dividendenwerten weit höher und bei Renten niedriger als im Vorjahr. Das Frankfurter Kursblatt wies 299 Aktien und 1388 Festverzinsliche auf. Der Handel lief 1961 bei 20 amtlichen und 18 freien Effektenmaklern sowie bei zwei amtlichen und einem freien Devisenmakler zusammen. Der Umlauf in festverzinslichen Wertpapieren betrug 1961 48,39 Mrd. DM, und der Aktienumlauf belief sich im selben Jahr auf 35,08 Mrd. DM[53]. Bis 1970 entwickelten sich Diskontsatz, Lombardsatz, umlauffestverzinsliche Wertpapiere, Aktienumlauf wie folgt (siehe Tabelle S. 69).

In den zehn Jahren von 1961 bis 1970 waren an die Aktionäre deutscher Gesellschaften 29 Mrd. DM Dividenden verteilt worden. Dem standen Bareinzahlungen bei Kapitalerhöhungen oder bei der Emission von Wandelanleihen in Höhe von 13,6 Mrd. DM gegenüber[54].

In dieser turbulenten Zeit hatte die Lombardkasse Aktiengesellschaft es schwer, auf sich aufmerksam zu machen. Sie leistete im ersten Jahr ihres Bestehens erhebliche Aufklärungsarbeit, da ihr Name und ihre positive Tätigkeit vor 1945 vielen Maklern und Banken nicht mehr bekannt waren. So konnten auch im ersten Jahr nur wenige Abschlüsse angebahnt

Jahr	Diskont-satz	Lombard-satz	Umlauf fest-verzinslicher WP (in Mrd. DM)	Aktienumlauf (in Mrd. DM)
1961	3,20 %	4,20 %	48,39	35,08
1962	3,00 %	4,00 %	57,92	37,26
1963	3,00 %	4,00 %	69,99	38,67
1964	3,00 %	4,00 %	83,49	41,13
1965	3,66 %	4,66 %	95,96	44,86
1966	4,59 %	5,74 %	101,49	47,51
1967	3,40 %	4,21 %	116,56	49,14
1968	3,00 %	3,50 %	134,62	51,19
1969	4,54 %	5,69 %	142,95	53,84
1970	6,89 %	9,02 %	158,10	55,60

werden. Darüber hinaus waren zweifellos die unsichere Börsenlage und der allgemein geringe Geldbedarf einer raschen Ausweitung des Lombardkreditgeschäfts hinderlich.

Die Lombardkasse gewährt an Kursmakler, Kursmaklerstellvertreter und Freimakler Lombardkredite in bar gegen Verpfändung von zum Beispiel börsengängigen Wertpapieren, Edelmetallen, Wechseln und Ausgleichsforderungen. Maßgeblich hierbei ist neben der Güte des Pfandobjekts die persönliche Kreditwürdigkeit des Kreditnehmers. Vorstand und Aufsichtsrat legen hier besonders großen Wert darauf, da der Kreditnehmer bei erheblicher Wertminderung Einschüsse zu leisten und mögliche Ausfälle bei Verwertung des Pfandes zu ersetzen hat. Die Beleihungsgrenze liegt um so höher, je leichter das Pfand zu verwerten ist und je geringer die Preisschwankungen sind, denen das Pfand unterliegt[55].

In der Bundesrepublik wurde zu diesem Zeitpunkt das Hauptgeschäft des Lombardkredits von den Landeszentralbanken bestritten, die derartige Kredite auf nicht länger als drei Monate aufnahmen und gewährten. Der Satz, der für derartige Kredit galt, lag 1 Prozent über dem Diskontsatz, betrug also zum Zeitpunkt der Geschäftsaufnahme der Lombardkasse 4 Prozent. Die Lombardkasse selbst berechnete für laufende Wertpapierkredite einen Zins von 0,5 Prozent über dem jeweiligen Lombardsatz. Der Kredit kostete daher zu diesem Zeitpunkt 4,5 Prozent und war damit überaus billig[56]. Allerdings betonten Vorstand und Aufsichtsrat, daß die Bank in ihren Konditionen beweglich sei, so daß auch Sonderabsprachen für vereinbarte Kredite möglich waren. Effektenkredite, bei denen erworbene Wertpapiere verpfändet werden müssen, waren nach oben limitiert. Wegen des geringen Risikos betrug das Limit bei festverzinslichen Werten das Fünfzehnfache der Bürgschaft des unterhaltenen Guthabens oder des Depots. Bei Aktien betrug der Satz das Zehnfache. Die Makler verfügten damit über einen erheblichen Kreditspielraum.

Im Dezember 1962 gab der Vorstand bekannt, daß die Frankfurter Börsenmakler ihre Courtagen ebenso wie die sonstigen Beträge künftig zentral über die Lombardkasse Aktiengesellschaft abrechnen konnten. Hiermit verbreiterte die Lombardkasse ihre Grundlage erheblich und schuf sich ein zweites Standbein in der Geschäftstätigkeit. Auf Beschluß des Börsenvorstands der Maklerkammer und des Aufsichtsrats der Lombardkasse war es dem Institut nun erlaubt, Abrechnungen von Eigen- und Aufgabengeschäften der Makler zu übernehmen. Mit der Einschaltung der Lombardkasse als Durchleitstelle sollte der Abrechnungsverkehr von Wertpapieren vereinfacht und beschleunigt werden. Gleichzeitig war hiermit eine Verbilligung für die Kontrahenten verbunden. Bislang wurde diese Funktion von den Hausbanken der Makler übernommen. Der Makler, der gewisse Sicherheiten gestellt hatte, konnte nun die Lombardkasse als Adresse von Eigen- und Aufgabengeschäften benennen. Je größer der Kundenkreis ist, desto besser funktioniert dieses Abrechnungssystem.

Nach dieser Erweiterung der Geschäftstätigkeit wurden innerhalb weniger Tage 50 neue Konten bei der Lombardkasse eröffnet, so daß sie nun Anfang 1963 über 70 Kunden (Banken,

Bankiers und Kursmakler) verfügte. Der Vorstand rechnete mit einer Ausweitung, da die Lombardkasse nunmehr auch im Abrechnungsverkehr tätig war und Banken außerhalb des hessischen Raumes wie etwa aus München, Düsseldorf und Berlin als Kunden gewinnen konnte. Diese Aktivitäten führten in den ersten Monaten des Jahres 1963 zu einer spürbaren Belebung des Geschäfts. Die Debitoren, die Ende 1962 mit 0,8 Mio. DM ausgewiesen waren, vervierfachten sich innerhalb kurzer Zeit. Fast alle Kurs- und Freimakler, die an der Frankfurter Wertpapierbörse tätig waren, waren nun Kunden der Lombardkasse geworden. Dennoch brachte auch das Jahr 1962 einen Verlust von 21 000,– DM, so daß einschließlich des Verlustvortrags aus dem Jahre 1961 von 66 147,52 DM der Gesamtverlust nun 87 004,12 DM betrug[57].

Von 1963 bis 1966 enttäuschten Umsatz und Kursentwicklung an den deutschen Aktienmärkten. Bereits 1963 wurde versucht, über Zwischenberichte an die Aktionäre deren Verhältnis zur Börse zu verbessern. Die Frankfurter Börse publizierte täglich die Nominalumsätze von 25 bis 40 ausgewählten Aktien getrennt nach den vier größten Börsenplätzen. Auch 1964 blieb trotz positiver Wirtschaftslage der Aktienmarkt flau. Der Couponsteuerplan allerdings ließ die Frage nach DM-Auslandsanleihen emporschnellen, sie sollten von der Couponsteuer nicht erfaßt werden. Das Jahr 1965 brachte die große Aktienrechtsreform, die Anfang 1966 in Kraft trat. Das Aktiengesetz von 1937 wurde den damaligen Ansprüchen angepaßt. Die Reform stärkte die Hauptversammlung der Aktionäre, verordnete den Vorständen der Gesellschaften das Kollegialprinzip und beschränkte die Zahl der Aufsichtsratsmandate pro Person grundsätzlich auf zehn (Lex Abs). Der Mindestnennbetrag der Aktie wurde von 100,– DM auf 50,– DM herabgesetzt, was den Übergang zur Stücknotiz und die Angabe der Dividende in DM pro Aktie ermöglichte. Das Aktienjahr 1965 allerdings blieb weiterhin unter seinen Erwartungen.

So schlecht die Jahre zuvor waren, so positiv entwickelten sich das Jahr 1967 und die folgenden Jahre. 1967 war das beste Jahr seit 1959. Die erste Rezession der Bundesrepublik Deutschland war 1967 überwunden. Offensichtlich hatte die Aufforderung des neuen Wirtschaftsministers Karl Schiller, der im Mai 1967 das Stabilitäts- und Wirtschaftsgesetz durchgesetzt hatte und in einer »konzertierten Aktion« die maßgeblichen Männer aus Wirtschaft und Politik regelmäßig um sich versammelte, seine Wirkung nicht verfehlt. Auch zwei staatliche Konjunkturprogramme und eine zunehmende Geldschwemme verhießen ein rasches Ende der Wirtschaftsrezession. Am Ende des Jahres 1967 waren die Kurse um 40 Prozent gestiegen. 1968 verzeichneten vor allem die Automobilaktien erhebliche Kursgewinne. Aber auch die positive Entwicklung der Kurse bei Banken- und Hypothekenbank-Aktien symbolisierte den erwarteten Wirtschaftsaufschwung.

Auch bei der Lombardkasse ging es nun 1968/69 endlich aufwärts. Die Bilanzsumme erhöhte sich von 2,394 Mio. DM auf 3,481 Mio. DM im Jahre 1968 und schließlich auf 5,093 Mio. DM 1969. Im gleichen Zeitraum stiegen die Debitoren von 0,9 Mio. DM auf 4,9 Mio. DM. Erstmals wurde für 1968 eine Dividende von 4 Prozent ausgeschüttet. Um in der Kreditgewährung in Zukunft beweglicher operieren zu können, schlug der Vorstand der Hauptversammlung vor, die restlichen 50 Prozent auf die bisher nur zur Hälfte einbezahlten 900 000,– DM Aktien einzufordern. Wechselnde Börsenumsätze spiegeln sich nicht nur im Geschäft der Makler, sondern auch in der Beanspruchung der Dienste der Lombardkasse wider. Insofern sind erhebliche Schwankungen im Tagesumschlag der Lombardkasse und den jeweils eingeräumten Krediten an die Maklerkundschaft zu verzeichnen. Alles in allem erhöhten sich Bilanzsumme, Umsätze und Erträge. Die über die Lombardkasse geleiteten Wertpapierkäufe und -verkäufe der Maklerkundschaft vermehrten sich von 44,6 Mio. DM im Jahre 1967 auf 111,8 Mio. DM im Jahre

Geschäftsentwicklung der Lombardkasse Aktiengesellschaft von 1961 bis 1969 in 1000 DM[58]

Jahr	Bilanz-summe	Debitoren	Grund-kapital	Verlust-vortrag	Gewinn	Verlust	Verlust insgesamt	Rein-gewinn
1961	1078,2	–	1000,0	42,0	–	24,1	66,1	–
1962		–	1000,0	66,1				–
1963		1100,0	1000,0	–				–
1964	2371,1	1071,4	1000,0	79,7	12,5	–	67,3	–
1965	2434,6	1096,1	1000,0	67,3	20,6	–	46,7	–
1966	2153,7	687,1	1000,0	46,7	1,3	–	45,3	–
1967	2394,2	879,3	1000,0	45,3	34,6	–	10,7	–
1968	3481,4	2516,3	1000,0	10,7	25,4	–	–	24,7
1969	5093,9	4698,1	1000,0	–	80,8	–	–	80,8

1968. 1969 verdoppelten sie sich dann nochmals auf 208 Mio. DM[59]. Die Ergebnisse zeigen deutlich, daß die Lombardkasse bis Ende der sechziger Jahre bei den Maklern an Anerkennung gewonnen hatte. Erst 1968 gelang es, den über Jahre hin übernommenen Verlustvortrag in einen endgültigen Ertrag umzuwandeln[60], so daß in der Bilanzsumme von 1969 ein Reingewinn von 80 749,75 DM ausgewiesen werden konnte. Im Geschäftsjahr 1969 waren auf 0,55 Mio. DM voll eingezahltes Aktienkapital vier Prozent und auf das am 30. Juni 1969 einbezahlte Kapital von 0,45 Mio. DM zwei Prozent Dividende ausgeschüttet worden[61].

Einführung des Optionshandels

An den deutschen Börsen ging die Ära des eigentlichen Termingeschäfts im Jahre 1931 zu Ende[62]. Die starke Liquiditätsverknappung und der allgemeine Kursverfall an den Börsen während der Weltwirtschafts- und der Bankenkrise gewährleisteten keine geregelte Abwicklung des Termingeschäfts mehr. Die Spekulationsrisiken erschienen zudem nicht länger tragbar. Seit Mai 1956 war es den deutschen Anlegern bereits möglich, im Ausland Wertpapier-Termingeschäfte abzuschließen. Hiervon war auch im Laufe der folgenden Jahre Gebrauch gemacht worden.

Banken- und Börsenkreise forderten in der Zeit nach 1956 immer stärker, den Optionshandel an der Börse zuzulassen, um angesichts der zunehmenden Verflechtungen der internationalen Kapitalmärkte die Struktur der deutschen Börsen an ausländische Börsenusancen anzupassen. Aus diesem Grunde wurde eine Studienkommission für Fragen des Börsenterminhandels gegründet, die Ende 1966 ihren Bericht vorlegte[63]. Auf der Basis dieses Berichts wurden dann 1969 die erforderlichen Beschlüsse gefaßt, und am 1. Juli 1970 konnte das Reformwerk der deutschen Börsen mit der Aufnahme des Optionshandels einen wichtigen Schritt vorangebracht werden. Der Optionshandel wurde von Anfang an in die elektronische Datenverarbeitung einbezogen. Seit dem 1. Oktober 1970 wurden die Kurse der internationalen Börsen täglich im Frankfurter EDV-System verarbeitet. Diese Kurse wurden zu Depotbewertungen und zur Überwachung von Kreditlinien bei beliehenen Depots benötigt. Sie wurden auch Ausgangsbasis für ein umfassendes Börseninformationssystem.

Nach fast vierzigjähriger Pause wurde am 1. Juli 1970 an den deutschen Börsen wieder ein Terminhandel in großen Aktienwerten möglich. 38 deutsche Aktien wurden in den Optionshandel aufgenommen. Der wesentliche Unterschied zwischen dem früheren Termingeschäft vor 1931 und dem 1970 eingeführten Optionsgeschäft besteht jedoch darin, daß beim Termingeschäft mit hinausgeschobener Bezahlung beziehungsweise Lieferung in verschiedenen Variationen unmittelbar Wertpapiere erworben oder verkauft werden. Das 1970 eingeführte börsenmäßige Optionsgeschäft setzt sich dagegen aus einem Vorgeschäft (Erwerb der Option) und dem eigentlichen Kauf oder Verkauf der Effekten (Wertpapiergeschäft) zusammen. Ferner war beim Termingeschäft vor 1931 die Erfüllung auf einen Stichtag (Ultimo oder Medio) fixiert, während der Inhaber einer Option im Optionsgeschäft von 1970 die Möglichkeit besitzt, den Markt über die gesamte Laufzeit der Option hinweg zu beobachten. Er kann die betreffenden Wertpapiere zu einem ihm günstigen Zeitpunkt zum Optionspreis kaufen oder verkaufen. Bereits in der zweiten Hälfte des Jahres 1969 und in der ersten Hälfte des Jahres 1970 wurde diskutiert, ob zur Überwachung und zur Gewährleistung des Optionshandels eine Liquidationskasse Evidenz- und Garantiefunktionen übernehmen solle.

Der ursprüngliche Plan, für alle acht deutschen Börsenplätze eine gemeinsame Lombardkasse zu gründen, fand weder in Banken- noch in Maklerkreisen Zustimmung. Die beiden größten Börsen allerdings, die Rheinisch-Westfälische Börse zu Düsseldorf und die Frankfurter Wertpapierbörse, führten Verhandlungen, ein solches Institut zu gründen, weil eine größere Kasse diese Funktion viel besser wahrnehmen könne. Diese Maßnahme begründete der Hauptgeschäftsführer der Rheinisch-Westfälischen Börse, Otto Lersch, damit, daß der Optionshandel ein Individualgeschäft sei, das nicht auf einzelne Börsenplätze beschränkt werden könne. Dies gelte um so mehr, als eine große Zahl von Kreditinstituten an allen Börsenplätzen vertreten sei. Er forderte daher die anderen Börsenplätze auf, sich an der Gemeinschaftsgründung von Düsseldorf und Frankfurt am Main zu beteiligen[64]. Berlin, Bremen und Hannover signalisierten ihre Bereitschaft, an der Gründung eines solchen Instituts mitzuwirken.

Es zeigte sich jedoch bald, daß die Gründung eines eigenen neuen Instituts letztlich nicht erforderlich war. So wurde aus Zweckmäßigkeitsgründen die Lombardkasse Aktiengesellschaft für den Optionshandel reaktiviert, wobei das Aktienkapital über 1 Mio. DM nicht auf Börsenplätze, sondern auf die mit Wertpapieren handelnden Institute verteilt wurde. Dies waren zu diesem Zeitpunkt 62 Kreditinstitute, wobei die Deutsche Bank AG mit 25 Prozent eine Schachtelbeteiligung hielt. Die Lombardkasse Aktiengesellschaft Berlin mit Verwaltungssitz in Frankfurt am Main wurde für die Optionsgeschäfte an den Börsen Berlin, Bremen, Düsseldorf, Frankfurt am Main, Hannover und Stuttgart direkt zuständig[65]. Allerdings schlossen sich die Börse zu Hamburg und die Bayerische Wertpapierbörse in München nicht an. Die Börse zu Hamburg reaktivierte ihre Liquidations-Casse in Hamburg AG, und die Bayerische Wertpapierbörse errichtete ein eigenes Institut unter dem Namen »Münchner Liquidationskasse Aktiengesellschaft«[66].

An jedem Börsenplatz wurde von der Lombardkasse ein bevollmächtigter Vertreter für diesen Platz tätig. Die bevollmächtigten Vertreter der Lombardkasse bearbeiteten jeweils die Geschäftsvorfälle an einem Börsenplatz. Der zentralen Lombardkasse, die als Evidenzzentrale fungierte, sollte nicht jedes Einzelgeschäft gemeldet werden, damit es keine Stelle gab, die einen unmittelbaren Einblick in alle Optionsgeschäfte hatte. Es wurde ihr aber die Gesamtzahl der Geschäftsvorfälle in einem einzelnen Papier mitgeteilt. Auch die selbständigen Liquidationskassen in Hamburg und München sollten die Meldung über die Optionsgeschäfte an diesen Plätzen an die Lombardkasse weiterreichen. Die Lombardkasse in Frankfurt am Main stellte dann die von ihr gesammelten Daten der Öffentlichkeit zur Verfügung. Es war das erstemal, daß alle deutschen Börsen in einer wichtigen Frage konstruktiv zusammenarbeiteten. Durch die Übereinkunft über die gemeinsame Lombardkasse wurde die Problematik einer deutschen Zentralbörse zu diesem Zeitpunkt weitgehend entschärft.

Die Frankfurter Börse

Zunächst lief das Geschäft nur langsam an, weil der Wertpapierhandel an den deutschen Börsen seit fast 40 Jahren geruht hatte und die neue Form des Optionshandels sich erst einbürgern mußte. Immerhin betrug das Gesamtvolumen an den acht deutschen Börsen am 31. Dezember 1970 Kaufoptionen im Gegenwert von rund 32,2 Mio. DM und Verkaufsoptionen von rund 4,5 Mio. DM. Die Einnahmen aus Provision sowie Zinsen aus den Garantiesummen der Teilnehmer an den mit der Lombardkasse zusammenarbeitenden sechs Börsen beliefen sich im ersten Halbjahr des Bestehens auf rund 80 000,– DM, denen Ausgaben für Personal und Sachkosten von rund 56 000,– DM gegenüberstanden[67].

Neben der Einführung des Optionshandels wurde 1970 auch eine der wichtigsten Maßnahmen zur Befreiung des Geschäfts von den Vorwürfen und Mutmaßungen, die den Börsen seit über 100 Jahren immer wieder zugesetzt hatten, geregelt. Es war der Erlaß von Insiderregeln, die die Möglichkeit harter Sanktionen umfaßten. Die Insiderregeln waren ohne besonderen Druck des Gesetzgebers in freier Vereinbarung der Beteiligten zustande gekommen, wobei auch die Unterwerfung unter diese Regeln aus freiem Entschluß erfolgte. Diese Regelungen wurden 1976 überarbeitet.

Ansonsten brachte das Jahr 1970 nach den beiden guten Börsenjahren 1968 und 1969 trotz einer blendenden Wirtschaftsentwicklung (über 2 Mio. Gastarbeiter, 890 000 offene Stellen bei 99 000 Arbeitslosen) eine enttäuschende Entwicklung an der Börse. Allgemeine Unsicherheit, Besorgnis hinsichtlich rückläufiger Gewinne der Industrie und Fortsetzung des restriktiven Kurses der Bundesbank waren die Faktoren, welche die Unternehmungslust mehr oder weniger hemmten. Die labile Marktverfassung belegen nicht zuletzt die vielfachen Änderungen der offiziellen Zinsrate. Der Diskontsatz betrug ab dem 11. September 1969 6 Prozent pro Jahr, ab dem 9. März 1970 7,5 Prozent, ab dem 16. Juli 1970 7 Prozent, ab dem 18. November 1970 6,5 Prozent und ab dem 3. De-

Geschäftstätigkeit der Lombardkasse Aktiengesellschaft von 1970 bis 1975 in 1000 DM[68]

Jahr	Bilanz-summe	Forderungen an Kreditinstitute	Forderungen an Kunden	Bilanz-gewinn	Grund-kapital	Divi-dende
1970	11 596,7	6 066,4	4 338,0	66,9	1 000,0	6
1971	9 109,3	1 955,3	5 570,2	94,0	1 000,0	8
1972	17 886,3	3 338,1	11 098,3	103,7	1 000,0	8+2
1973	22 676,8	3 908,3	14 633,7	246,9	1 000,0	10
1974	48 224,4	10 216,8	33 549,7	279,6	1 000,0	10
1975	60 242,4	5 285,6	50 858,4	1 188,0	1 500,0	10

zember 1970 6 Prozent pro Jahr. Als Folgeerscheinung war eine merkliche Abschwächung des Kursniveaus sowohl in deutschen Aktien als auch im Rentenmarkt festzustellen.

Immerhin konnte die Lombardkasse im Jahre 1970 einen zufriedenstellenden Geschäftsverlauf vermelden. Die Bilanzsumme verdoppelte sich von 5,1 Mio. DM auf 11,6 Mio. DM. Die Effektenumsätze der Maklerkundschaft stiegen von 208 Mio. DM auf 257 Mio. DM[69]. Durch die Aufnahme des Optionsgeschäfts stieg der Personalaufwand um knapp 100 Prozent auf 153 000,– DM, die Sachkosten erhöhten sich wegen eines außerordentlichen Aufwands (Umzug in neue Büroräume und Anschaffung von Büromöbeln) von 39 000,– DM auf 106 000,– DM. Bei einem Vergleich der Bilanzdaten 1969 und 1970 fällt die erhebliche Ausweitung der Forderungen und Verpflichtungen gegenüber Kreditinstituten auf. Der Vorstand der Lombardkasse begründete dies mit dem besonders lebhaften Geschäft zum Jahresabschluß. Im Jahre 1970 schließlich beteiligte sich die Lombardkasse mit 20 000,– DM an der Börsen-Daten-Zentrale GmbH in Frankfurt am Main.

Die Lombardkasse Aktiengesellschaft hatte 1971 61 Aktionäre, ein repräsentativer Durchschnitt des gesamten Kreditgewerbes in der Bundesrepublik.

Einen besonderen Aufschwung nahm der Umfang der Optionsgeschäfte in Wertpapieren an allen acht deutschen Börsen. Während im ersten Halbjahr nach Wiedereröffnung des Optionshandels vom 1. Juli bis 31. Dezember 1970 nur 3193 Kaufoptionen über 207 850 Stück und 331 Verkaufsoptionen über 20 000 Stück abgewickelt wurden, kam es 1971 zu einer Vervierfachung der Optionsumsätze. Es wurden 11 886 Kaufoptionen über 874 800 Stück und 1 843 Verkaufsoptionen über 143 250 Stück abgeschlossen. Umgerechnet auf effektive Zahlen wurden 1971 über die Lombardkasse 121,3 Mio. DM Kaufoptionen und für 26,5 Mio. DM Verkaufsoptionen realisiert.

Die Entwicklungen in den Jahren 1972, 1973 und 1974

waren voller Widersprüche, gekennzeichnet von einer Vielzahl von Fiskal-, Konjunktur- und währungspolitischen Maßnahmen, die in das Geschehen an der Börse entscheidend eingriffen. Bis weit in die Mitte des Jahres 1974 hinein bestimmte die Restriktionspolitik der Bundesbank das Börsengeschehen, ein Umstand, der über weite Strecken Geschäftsstille, Lustlosigkeit und Unsicherheit zur Folge hatte. Es blieb daher nicht aus, daß die Umsätze am Aktienmarkt gegenüber den Jahren zuvor erheblich zurückgingen: in Frankfurt am Main zum Beispiel von zirka 7,5 Mrd. DM 1973 auf zirka 5,5 Mrd. DM 1974. Das Kursniveau, das bereits 1973 eine Reduzierung um rund 17 Prozent erfahren hatte, ermäßigte sich 1974 um weitere 3 Prozent.

1975 ging es dann endlich wieder aufwärts. Die negative Stimmung der Vorjahre schlug in eine positive um. Man konnte fast von einer Renaissance der Aktien sprechen. Ein Blick auf die einschlägigen Gegebenheiten an der Frankfurter Wertpapierbörse zeigt deutlich, daß sich der Aktienumsatz von 5,5 Mrd. DM 1974 auf 11,6 Mrd. DM 1975 erhöhte, also mehr als verdoppelte. Hand in Hand mit dieser Steigerung ging eine Anhebung des gesamten Kursniveaus, die vom Statistischen Bundesamt in Wiesbaden für das Jahr 1975 mit 29,4 Prozent errechnet wurde. Der Markt profitierte in der Hauptsache von Käufen der inländischen Anleger und der Investmentgesellschaften aufgrund der guten Liquiditätsverhältnisse sowie ferner im Zusammenhang mit einer aufkommenden Auslandsnachfrage. Die Bundesbank hatte an dieser positiven Entwicklung maßgeblichen Anteil, da sie in einer sechsmaligen Ermäßigung der Diskontrate von 6 Prozent pro Jahr auf 3,5 Prozent pro Jahr und in einer zweimaligen Herabsetzung der Mindestreservesätze die positive Entwicklung unterstützte[70]. Das Grundkapital der Lombardkasse wurde erstmals um 500 000,– DM auf 1,5 Mio. DM erhöht. Eine erfreuliche Entwicklung hatte auch das Optionsgeschäft in Aktien zu verzeichnen.

Umsätze der acht deutschen Börsen im Optionshandel 1963–75[71]

	1975	1974	1973
1. Kaufoptionen	343,1 Mio. DM	162,0 Mio. DM	173,6 Mio. DM
davon Ausübung	18,2 Mio. DM	62,4 Mio. DM	39,0 Mio. DM
	= 53 %	= 38 %	= 22 %
2. Verkaufsoptionen	111,9 Mio. DM	47,4 Mio. DM	91,5 Mio. DM
davon Ausübung	17,9 Mio. DM	24,3 Mio. DM	55,0 Mio. DM
	= 16 %	= 51 %	= 60 %

Dieses positive Geschäft hatte natürlich auch einen entscheidenden Einfluß auf das laufende Geschäft der Lombardkasse. Die über sie abgewickelten Umsätze der Maklerkundschaft beliefen sich im Jahre 1973 auf 4987 Mio. DM, 1974 auf 2220 Mio. DM und 1975 auf 6960 Mio. DM. Im Februar 1975 eröffnete die Lombardkasse Aktiengesellschaft eine Zweigstelle in Düsseldorf. 1972 schied Wolfgang Röller, stellvertretendes Vorstandsmitglied der Dresdner Bank, aus dem Aufsichtsrat aus, und neu gewählt wurde Heinz Kramer, Direktor der Dresdner Bank. Für den 1974 ausgeschiedenen Vorsitzenden des Aufsichtsrats Wilhelm Balzer wurde Rolf-E. Breuer, zu diesem Zeitpunkt Direktor der Deutschen Bank AG, zum Vorsitzenden gewählt. Den Vorstand bildete weiterhin Martin Rosenbrock, der lange Jahre den Geldhandel in der Deutschen Bank geleitet hatte. Im Jahre 1970 wurde ein Beirat gegründet, der aus folgenden Herren bestand:

- Otto Kuhn, Bankier, Berlin, Vorsitzender,
- Manfred Zass, Bankdirektor, Frankfurt am Main, erster stellvertretender Vorsitzender,
- Wolfgang Otto, Bankdirektor, Frankfurt am Main, zweiter stellvertretender Vorsitzender,
- Rudolf Büchner, Bankdirektor, Frankfurt am Main,
- Wilfried Grigat, Bankdirektor, Düsseldorf,

- Gerhard Langenbach, Bankdirektor, Frankfurt am Main,
- Gerd Lüttgersheiden, Bankdirektor, Frankfurt am Main / München.

Die Börse startet durch

Mitte der siebziger Jahre kam es zu einer Reihe von wichtigen Neuerungen und Ergänzungen im Bereich von Börse und Banken. Hierbei standen im Mittelpunkt der Abschluß der Börsenreform, die Reform der Körperschaftssteuergesetze, eine weitere Rationalisierung im Börsen- und Wertpapierwesen sowie Bemühungen um die Harmonisierung des Börsenwesens in der Europäischen Gemeinschaft. Die Börsengesetznovelle vom 28. April 1975 konzentrierte sich auf folgende Neuerungen[72]:

- die Ermächtigung der Bundesregierung zur Schließung der Devisenbörsen,
- den Wegfall des im Börsengesetz vorgesehenen, faktisch aber überflüssigen Börsenausschusses,
- die bundeseinheitliche Organisation sowie Verbesserung und Stärkung der Selbstverwaltung der Börsen,
- die Neuregelung der Zulassung zum Börsenbesuch,
- den Ersatz des Ehrengerichts durch einen Ehrenausschuß,
- die Stärkung der Stellung der Kursmakler und die Pflicht zur Bildung von Maklerkammern,
- die Unterstellung aller Termingeschäfte in Aktien der Genehmigungskompetenz des Bundesfinanzministers und
- die Neuordnung von Strafvorschriften.

Damit war die Börsenreform in der Bundesrepublik zu einem vorläufigen Abschluß gekommen, wobei jedoch durch die Brüsseler Aktivitäten, das europäische Börsenwesen zu vereinheitlichen, zahlreiche Neuerungen überlagert wurden.

Nicht weniger wichtig war das Körperschaftssteuerreformgesetz vom 31. August 1976, das nach einer Entwicklung von über 23 Jahren nun endlich zum Abschluß gebracht wurde. In diesem Gesetz wurde die Doppelbesteuerung der Aktien im Bereich der Einkommenssteuer durch Anrechenbarkeit der von der Gesellschaft auf Ausschüttungen zu entrichtenden Körperschaftssteuer auf die Einkommenssteuerschuld inländischer Aktionäre beseitigt. Der Gesetzgeber hoffte, daß vor allem die Bezieher kleinerer und mittlerer Einkommen durch die Regelung besonders begünstigt würden. Die neue Körperschaftssteuerregelung trat am 1. Januar 1979 in Kraft. Allerdings erfüllten sich alle diese Hoffnungen nicht im erwarteten Maße. Die Anleger hatten offensichtlich Schwierigkeiten, sich in die neue Technik der Besteuerung hineinzudenken. Konjunkturunsicherheit und Gewinnrückgang bei den Unternehmen hielten zudem an. Erst 1978 begannen die Aktionäre, die positiven Faktoren der Körperschaftssteuerreform zu erkennen. Dennoch enttäuschten die Börsenjahre 1978 und 1979 insgesamt. Richtig in Fahrt kam die Börse erst nach 1982.

Voller Neid blickten die deutschen Anleger und Banken auf die überaus erfolgreiche amerikanische Konkurrenz im Optionshandel. Obwohl die Vorteile eines geregelten Sekundärmarktes offensichtlich waren, zeigten die deutschen Börsen wenig Neigung zu marktgerechten Anpassungen. Erst fünf Jahre nach der Eröffnung der Chicago Board Options Exchange wurden am 1. April 1978 die bis dahin prinzipiell nicht begrenzten möglichen Fälligkeiten von Optionen zaghaft auf 36 Fälligkeitstermine pro Jahr beschränkt. Die Basispreise konnten auch weiterhin frei vereinbart werden. Als dann im April 1983 ein neuer Leitfaden für das börsenmäßige Optionsgeschäft veröffentlicht und die Standardisierung der Optionsgeschäfte weitgehend garantiert wurde, kam es zu einem spürbaren Umsatzerfolg. An der Frankfurter Wertpapierbörse stieg die Zahl der im Optionshandel einbezogenen deutschen Aktien von Ende 1970 bis Ende 1984 von 40 auf 47.

Seit 1976 waren auch drei ausländische Gesellschaften und bis Ende 1984 13 ausländische Gesellschaften zum Optionshandel zugelassen. Damit umfaßte der Frankfurter Optionshandel Ende 1984 insgesamt 56 Gesellschaften mit 60 Aktien gegenüber 37 Gesellschaften mit 40 Aktien zu Beginn des Handels. Auch der Umsatzanstieg konnte 1985 erheblich ausgebaut werden. Die Zahl der abgeschlossenen Optionsgeschäfte im Erstmarkt stieg in diesem Jahr auf 461 238 (Vorjahr 197 410) und im Zweitmarkt auf 248 402 (Vorjahr 61 310). Der Aktienoptionshandel nahm in der folgenden Zeit eine verbesserte Stellung im gesamten inländischen Aktienmarkt ein[73].

In diesem Umfeld arbeitete die Lombardkasse Aktiengesellschaft mit wachsendem Erfolg. Als Folge des Zusammenbruchs des Bankhauses I. D. Herstatt Ende Juni 1974 wurde im Jahre 1976 in einer Novelle des Kreditwesengesetzes unter anderem bestimmt, daß für die Banken das Vier-Augen-Prinzip zu gelten habe. Bei der Lombardkasse bedeutete dies,

Großer Börsensaal in Frankfurt am Main

Walter Gräf, Vorstandsmitglied der Lombardkasse seit 1976

daß zu dem einzigen Vorstand Martin Rosenbrock, Königstein im Taunus, ein weiteres Vorstandsmitglied treten mußte. Hierzu wurde vom Aufsichtsrat Walter Gräf, Bad Homburg vor der Höhe, berufen. Er trat sein Amt am 1. Mai 1976 an. Gleichzeitig gab Rosenbrock aber zu verstehen, daß er zum 10. November 1976 aus dem Vorstand ausscheiden wolle. Aus diesem Grund war die Besetzung eines zweiten Vorstandspostens notwendig.

Der Aufsichtsrat berief zum 1. November 1976 Otto Lersch, den Geschäftsführer der Rheinisch-Westfälischen Börse in Düsseldorf, zum neuen Vorstandsmitglied. Allerdings war Lersch operativ nicht tätig, sondern wurde lediglich über Notizen und Telephongespräche permanent über die Geschäfte der Lombardkasse informiert. Der Aufsichtsrat hatte ein Vorstandsmitglied aus Düsseldorf auch deswegen berufen, weil die Lombardkasse in Düsseldorf eine Niederlassung eröffnet und die Düsseldorfer Makler auch als Kunden gewonnen hatte. Immerhin betrug ihr Geschäftsanteil zirka ein Viertel am Gesamtvolumen der Lombardkasse. Der Aufsichtsrat blieb weiterhin mit

- Rolf-E. Breuer, Deutsche Bank, Frankfurt am Main, Vorsitzender,
- Heinz Kramer, Dresdner Bank, Frankfurt am Main, stellvertretender Vorsitzender, und
- Ingeborg Rothe, Vertreterin der Arbeitnehmer, Hanau,

besetzt.

Nach dem Tod von Otto Kuhn, dem Beiratsvorsitzenden der Lombardkasse Aktiengesellschaft, am 26. Juni 1976 wurde Manfred Zass, Mitglied des Vorstands der Deutsche Girozentrale – Deutsche Kommunalbank, Frankfurt am Main, zum Vorsitzenden gewählt. Stellvertretender Vorsitzender wurde Wolfgang Otto, Direktor mit Generalvollmacht der Commerzbank AG, Frankfurt am Main. Ferner gehörten dem Beirat 1977 noch

- Wilfried Grigat, Düsseldorf,
- Gerhard Langenbach, Frankfurt am Main,
- Gert Lüttgersheiden, Frankfurt am Main / München, und
- Heinz Zollweg, Frankfurt am Main,

an.

1986 setzte sich der Beirat aus den Herren

- Manfred Zass,
- Wolfgang Otto,
- Gerhard Langenbach (Direktor der Deutschen Genossenschaftsbank, Frankfurt am Main),
- Gert Lüttgersheiden (Direktor der Bayerischen Vereinsbank AG, Frankfurt am Main / München),
- Wolfgang Meissner (Direktor mit Generalvollmacht des Bankhauses Sal. Oppenheim jun. & Cie., Köln) und
- Hans Zollweg (Direktor mit Generalvollmacht der Berliner Handels- und Frankfurter Bank KGaA)

zusammen.

Die Lombardkasse krankte Ende der siebziger und Anfang der achtziger Jahre an Kapitalmangel, weil das Kreditwesengesetz, was die Höchstkreditgrenze betraf, zu enge Grenzen gesetzt hatte. Die Eigenmittel lagen Ende 1976 insgesamt bei 6,64 Mio. DM. Der einzelne große Kredit durfte damals 75 Prozent betragen, und das hieß bei 6,5 Mio. DM, daß der Höchstkredit lediglich zwischen 4,5 und 5 Mio. DM liegen konnte. Diese Höchstgrenze war jedoch für einen Makler zu niedrig, vor allem wenn er zum Beispiel größere Posten Siemens- oder Daimler-Benz-Aktien übernommen hatte. Als Ende der siebziger, Anfang der achtziger Jahre die Börse langsam ins Laufen kam, das Interesse an Aktien zunahm und die Umsätze an den Börsen stark in die Höhe gingen, partizipierte natürlich auch die Lombardkasse Aktiengesellschaft an dieser Entwicklung, ohne daß sie allerdings ihren Kunden immer die entsprechenden Mittel zur Verfügung stellen konnte, weil ihre Eigenkapitalausstattung beschränkt war.

In den folgenden Jahren wurde dann unter diesem Druck die Kapitalbasis schrittweise von 4,5 Mio. DM über 6 Mio. DM auf 9 Mio. DM im Jahre 1983, 12 Mio. DM im Jahre 1984 und 20 Mio. DM im Jahre 1985 erhöht. Im selben Zeitraum erhöhten sich die Eigenmittel von 6,641 Mio. DM auf 11,191 Mio. DM im Jahre 1981, 25,030 Mio. DM im Jahre 1984 und 49,184 Mio. DM im Jahre 1986. Hierdurch wurde eine bessere Grundlage geschaffen, um die Makler kreditmäßig bedienen zu können. Außerdem war es ein relativ lukratives Geschäft. Die Lombardkasse konnte im gesamten Zeitraum von 1976 bis 1982 10 Prozent Dividende zahlen, 1983 stieg sie dann auf 10 + 3 Prozent, 1984 zahlte die Lombardkasse 12 Prozent, 1985 15 + 5 Prozent und 1986 20 Prozent Dividende. Ein großer Teil der Gewinne wurde dabei immer wieder den Rücklagen zugeführt, was zu der bereits beschriebenen Anreicherung der Eigenmittel führte.

Die Aufstockung der Eigenmittel war außerdem notwendig geworden, weil der Lombardkasse neben der Finanzierung und

Kennzahlen der Lombardkasse AG von 1976 bis 1986[74]

	1976	1977	1978	1979	1980	1981	1982	1983	1984	1985	1986
Umsätze (in Mrd. DM)	5,4	7,5	7,3	4	4,9	6,4	11,7	12,2	12,1	27,9	33,2
Bilanzsumme (in Mio. DM)	44,2	93,3	84,6	89,3	61,1	80,2	126,3	178	225,3	329,7	425,1
Bilanzgewinn (in Mio. DM)	1,3	1,5	1,7	1	1,2	1,3	2,9	4,2	4,7	10,7	11
Grundkapital (in Mio. DM)	4,5	4,5	6	6	6	6	6	9	12	20	20
Dividende (in %)	10	10	10	10	10	10	10	10+3	12	15+5	20
Eigenmittel insgesamt (in Mio. DM)	6,6	7,4	9,9	10,2	10,7	11,2	12,8	18,1	25	44,3	49,1
Steuerzahlungen (in Mio. DM)	1,4	2	2,3	1,4	1,9	2,7	4,1	5,8	5,9	13	13,7

der Abwicklung des Eigengeschäfts der Makler eine weitere Funktion übertragen worden war. Im Rahmen des Optionshandels an den deutschen Wertpapierbörsen übernahm sie die Gewährleistung für die Erfüllung der Geschäfte unter den Banken. Zum Optionshandel an der Börse waren lediglich Banken zugelassen. Diese tätigten Geschäfte, und die Lombardkasse, die zwischen Börse und Banken agierte, garantierte, daß diese Geschäfte abgesichert waren, wenn eine Bank ausfiel. Das Risiko allerdings, daß eine Bank ausfiel, war zu diesem Zeitpunkt äußerst gering, weil nur erste Adressen an diesem Handel teilnahmen und das Optionsgeschäft außerdem nie einen derart großen Umfang angenommen hatte, so daß es zu einem ähnlichen Fall wie Baring hätte kommen können.

Allerdings hatte die Lombardkasse seit Herbst 1985 große Schwierigkeiten mit dem Bundesaufsichtsamt für das Kreditwesen in Berlin. Das Bundesaufsichtsamt addierte nämlich die Optionsgeschäfte, die von der Lombardkasse garantiert waren, sowohl bei den Kaufoptionen als auch bei den Verkaufsoptionen zusammen und kam so zu einer äußerst hohen Summe, die später über 100 Mio. DM lag. Hiervon waren nach dem deutschen Kreditwesengesetz 20 Prozent als Gesamtrisiko der Lombardkasse zu betrachten. Der Vorstand der Lombardkasse kam daher in die Situation, solche Beträge nicht mehr garantieren zu können, und wurde gezwungen, weiter Kapital anzusammeln und das Grundkapital zu erhöhen. Der Vorstand argumentierte gegenüber dem Bundesaufsichtsamt, daß die Gesamtsumme in der Art und Weise, wie das Bundesaufsichtsamt Kauf- und Verkaufsoptionen addierte, illusorisch sei. Das Risiko der Lombardkasse bestehe nur in Höhe der Differenz zwischen Basispreis und Kurswert, nicht aber für den Umfang eines Kontraktes. Allerdings konnte die Lombardkasse anfangs diese Differenz nicht darstellen, weil die EDV-Unterstützung seinerzeit noch fehlte.

In einem Schreiben vom 26. November 1985 teilte das Bundesaufsichtsamt für das Kreditwesen der Lombardkasse mit, daß sie in den Jahren 1983 und 1984 wiederholt Grundsatz I überschritten habe. Per Ende September 1985 habe die Lombardkasse dann, trotz Androhung strenger Maßnahmen, den Grundsatz I mit dem 18,6fachen und per Ende Oktober 1985 mit dem 22,9fachen des haftenden Eigenkapitals nicht eingehalten. Das Bundesaufsichtsamt forderte den Vorstand der Lombardkasse auf, bis 27. Dezember 1985 eine angemessene Eigenkapitalausstattung wiederherzustellen. Ansonsten würde das Bundesaufsichtsamt »ohne nochmalige Fristsetzung ein Kreditverbot anordnen«[75]. Die Lombardkasse bat daher die Deutsche Bank und die Dresdner Bank um eine Bürgschaft über je 20 Mio. DM, die sie nach Ausstellung an das Bundesaufsichtsamt weiterleitete[76]. In langwierigen Gesprächen zwischen dem Bundesaufsichtsamt und den Vorstandsmitgliedern der Lombardkasse Walter Gräf und Otto Lersch konnte Anfang 1987 dieses Problem geklärt werden.

Nach der Übernahme des Optionsgeschäfts auf EDV stellte sich heraus, daß der richtige Betrag nur 7–8 Mio. DM betrug. Dem Bundesaufsichtsamt konnte nun nachgewiesen werden, daß das von ihm zuvor angenommene Risiko weit überhöht war[77].

Nach dem Regierungswechsel explodierten im November und Dezember 1982 die Kurse bei gewaltigen Umsatzsteigerungen; es war der Beginn einer neuen säkularen Hausse. Das Jahr 1983 wurde in der Bundesrepublik Deutschland ein Jahr der Aktie. Die Gründe dafür lagen sicher in der politischen Trendwende nach 13 Jahren sozial-liberaler Koalition, aber auch in einer allgemeinen Verbesserung des Konjunkturklimas, einer deutlichen Abschwächung des Preisauftriebs und der Rückkehr des Vertrauens in die öffentliche Finanzpolitik. Die Frankfurter Wertpapierbörse erhielt im Jahre 1983 gemäß den Änderungen des Börsengesetzes einen Ehrenausschuß, der an die Stelle des Ehrengerichts trat. Darüber hinaus gab sie sich neben der Änderung einiger Geschäftsbedingungen eine neue Gebührenordnung, die Anfang 1983 in Kraft trat. Zwar beeinträchtigten 1984 zwei besonders erbittert geführte Streiks (Metallindustrie und Druckgewerbe) das soziale Klima in Deutschland und die weiterhin hohe Arbeitslosigkeit, aber dennoch konnte der Aktienmarkt sich erfreulich entwickeln. Das Jahr 1982 bescherte den Wertpapierbörsen in Frankfurt am Main und Düsseldorf, den Plätzen also, an denen die Lombardkasse vertreten war, die höchsten Umsätze ihrer Geschichte. Die Aktienumsätze in Frankfurt am Main stiegen auf 19 Mrd. DM gegenüber 15,9 Mrd. DM im Vorjahr an, in Düsseldorf auf 11,6 Mrd. DM nach 10,5 Mrd. DM im Jahre 1981. Die Umsätze in festverzinslichen Wertpapieren erhöhten sich in Frankfurt am Main auf 47,8 Mrd. DM (Vorjahr: 25,4 Mrd. DM) und in Düsseldorf auf 30 Mrd. DM (Vorjahr: 18,18 Mrd. DM).

Diese positive Entwicklung hatte naturgemäß auch Auswirkungen auf das Geschäft der Lombardkasse. Die Steigerungsrate der über die Lombardkasse geleiteten Umsätze der Maklerkundschaft lag mit einem Plus von 83,3 Prozent noch über dem Mehrumsatz der Börsen Frankfurt (+ 61,8 Prozent) und Düsseldorf (+ 41,7 Prozent). Insgesamt wurden 1982 Effekten im Gegenwert von 11 685,3 Mio. DM über die Lombardkasse abgewickelt gegenüber 6374,2 Mio. DM im Vorjahr. Bis 1986 erhöhten sich die Aktienumsätze infolge hervorragender Geschäftstätigkeit an den Börsen in Frankfurt am Main auf 114,3 Mrd. DM, in Düsseldorf auf 101,2 Mrd. DM und in Berlin auf 11,9 Mrd. DM[78]. Auch das Optionsgeschäft konnte seit 1984 kräftig zulegen.

Optionsgeschäfte
in Aktien

Neuabschlüsse	1984	1985	1986
Kaufoptionen	1605,8 Mio. DM	5578,4 Mio. DM	9285,2 Mio. DM
Verkaufsoptionen	378,8 Mio. DM	1715,4 Mio. DM	1619,1 Mio. DM

Enttäuschend verlief allerdings 1986 die Entwicklung des seit dem 1. April 1986 eingeführten Handels von Optionen in Rentenwerten. Bis Jahresultimo wurden an Kaufoptionen lediglich 89,6 Mio. DM abgeschlossen, bei Verkaufsoptionen waren es 68,2 Mio. DM[79]. Am Aktienkapital der Lombardkasse waren Anfang der achtziger Jahre die Deutsche Bank zu 16,2 Prozent, die Dresdner Bank zu 11,4 Prozent, die Commerzbank zu 9,4 Prozent, die Bayerische Vereinsbank zu 6,5 Prozent, die BHF-Bank zu 5,6 Prozent, die Deutsche Girozentrale – Deutsche Kommunalbank zu 12,4 Prozent und die DG-Bank zu 7,4 Prozent beteiligt[80].

Ein Novum gab es auf der Hauptversammlung am 2. Juni 1986 um 11.30 Uhr im Hause der Berliner Commerzbank AG, Berlin. Da die zur Wiederwahl anstehenden Aufsichtsratsmitglieder, der Aufsichtsratsvorsitzende Rolf-E. Breuer, zu diesem Zeitpunkt stellvertretendes Mitglied des Vorstands der Deutschen Bank AG, Frankfurt am Main, und der stellvertretende Aufsichtsratsvorsitzende Heinz Kramer, Direktor mit Generalvollmacht der Dresdner Bank AG, Frankfurt am Main, infolge eines Flugzeugausfalls nicht rechtzeitig in Berlin erscheinen konnten, leitete das einzige verbliebene Aufsichtsratsmitglied, die Arbeitnehmervertreterin Helga Schulze-Frerichs aus Frankfurt am Main, die Hauptversammlung. Rolf-E. Breuer und Heinz Kramer wurden in Abwesenheit für weitere fünf Jahre in ihren Ämtern bestätigt[81].

Das Börsenumfeld verändert sich

Bereits 1986 deutete sich an, daß die nach oben gerichtete Kurve der Aktienkurse einen Knick bekommen würde. Da die Lombardkasse vorwiegend Aktiendepots finanzierte, überlegte der Vorstand in dieser Situation, für 1986 eine Rückstellung zu bilden, die mit 9,7 Mio. DM für die Verhältnisse der

Lombardkasse hoch war. Die Beschränkung der Lombardkasse AG als Bank der Börsenmakler auf die Abwicklung und Finanzierung von deren Geschäften bringt naturgemäß eine starke Abhängigkeit vom jeweiligen Börsengeschehen mit sich. Die Entwicklung auf den Wertpapiermärkten, das heißt Börsenumsätze und Kursbewegung, schlägt sich wegen dieser einseitigen Ausrichtung unmittelbar in den Abschlußzahlen der Lombardkasse nieder[82].

Die Bilanzsumme der Lombardkasse verringerte sich 1987 von 225,52 Mio. DM auf 196,43 Mio. DM. Dieser erhebliche Rückgang war eine direkte Folge der starken Kursrückgänge am Aktienmarkt nach dem Crash am 19. Oktober 1987. Die schwache Marktverfassung in dieser Periode veranlaßte die Maklerkundschaft der Lombardkasse, in großem Umfange Eigenengagements und bestehende Lombardkredite zurückzuführen. Die Forderungen an Kunden verringerten sich dadurch bis Jahresultimo auf 143,63 Mio. DM und lagen damit um 2,15 Mio. DM unter den Vergleichszahlen des Vorjahres. Die geringe Umsatztätigkeit bewirkte auch einen Rückgang der schwebenden, zum Jahresultimo noch nicht abgewickelten Wertpapiergeschäfte. Die entsprechende Position »sonstige Vermögensgegenstände« lag daher mit 13,5 Mio. DM um 34,2 Mio. DM unter der Vorjahreszahl. Die Wertpapierumsätze der Maklerkundschaft, die über die Lombardkasse abgewickelt wurden, konnten mit 26,1 Mrd. DM die Rekordzahl von 1986 mit 33,2 Mrd. DM nicht mehr erreichen. Die Umsätze im Optionshandel mit Aktien, die 1986 beachtliche Zuwächse zu verzeichnen hatten, gingen stark zurück. Für die Börsenplätze Frankfurt am Main und Düsseldorf ergaben sich folgende Zahlen bei den Neuabschlüssen:

	Kaufoptionen	Verkaufsoptionen
1986	9285,2 Mio. DM	1619,1 Mio. DM
1987	6059,6 Mio. DM	929,9 Mio. DM

Kennzahlen der Lombardkasse AG von 1987 bis 1997[83]

	1987	1988	1989	1990	1991	1992	1993	1994	1995	1996	1997
Umsätze (in Mrd. DM)	26,1	25,6	56	71,4	51,6	86,8	133,1	98,8	64,5	79,5	132,3
Bilanzsumme (in Mio. DM)	196,4	243,8	605,8	451,3	393,2	306,3	697,6	316,4	268,5	268,1	673,8
Bilanzgewinn (in Mio. DM)	6,6	8,8	15,6	12,2	11	8,6	65,2	10,7	9,5	6	6
Grundkapital (in Mio. DM)	20	20	20	21,2	21,2	21,2	21,2	21,2	21,2	21,2	21,2
Dividende (in %)	20	20	28	28	28	28	264*	28	28	28	28
Eigenmittel insgesamt (in Mio. DM)	51	55,8	65,8	75,3	80,4	83,1	59,7	64,5	68	68	68,1
Steuerzahlungen (in Mio. DM)	8,3	13,9	25,3	16,9	13,3	10,4	1,2	12,9	11	5,2	9,9

* 28 Prozent Dividende + 236 % Sonderausschüttung

Rolf-E. Breuer, Aufsichtsratsvorsitzender der Lombardkasse 1974–89

Auch die Entwicklung des Optionshandels in Rentenwerten war weiterhin äußerst unbefriedigend[84].

Während des großen Crashs am 19. Oktober 1987 stand der Vorstand der Lombardkasse vor der Frage, ob die Lombardkasse die von den Maklern abgeschlossenen Geschäfte, die bei den Maklern zu Verlusten geführt hatten, aufnehmen sollte, obwohl die Makler nicht mehr über die entsprechende Deckung bei der Lombardkasse verfügten, oder ob sie für die Makler die Tür schließen und nur jene Geschäfte aufnehmen sollte, die diese an der Börse getätigt hatten. Der Vorstand entschloß sich dazu, alle Geschäfte aufzunehmen, soweit sie vertretbar waren, um Turbulenzen vom deutschen Markt fernzuhalten. Bei den Maklern wurden zu diesem Zeitpunkt gewaltige Verluste realisiert, an denen diese teilweise noch bis in die jüngste Zeit zu zahlen haben. Erstmals in der Geschichte der Lombardkasse wurden bei einigen besonders betroffenen Engagements Einzelwertberichtigungen vorgenommen, um für das erhöhte Risiko Vorsorge zu treffen. Das heißt im Klartext, daß bei den Engagements einiger Makler sogenannte Unterdeckungen aufgetreten waren. Sie hatten hoch gespielt und verloren.

Rolf-E. Breuer, Mitglied der Vorstands der Deutschen Bank AG und Aufsichtsratsvorsitzender der Lombardkasse, sagte in einem Interview am 21. Dezember 1987 gegenüber der »Börsen-Zeitung«, daß mit Sicherheit einige Makler erhebliche Schrammen mitbekommen hätten, die auch nicht von heute auf morgen zu beseitigen seien. Für die Lombardkasse werde dies jedoch kein ernsthaftes Problem aufwerfen, schließlich habe das Institut vor jenem 19. Oktober wieder ausgesprochen gut verdient, und es sei in der Lage, diese Pauschal- und auch zu erwartende Einzelwertberichtigungen aus dem Ertrag des Geschäftsjahres zu verkraften[85].

Walter Gräf vom Vorstand der Lombardkasse vermerkte hierzu, daß die Lombardkasse als Bank der Makler über Eigenmittel in Höhe von 50 Mio. DM verfüge, so daß kein Grund zur Beunruhigung bestehe. So zahle sie auch für das Jahr 1987 eine Dividende von 20 Prozent. Als Folge des Börsencrashs ergab sich zudem die Notwendigkeit, weiter 12,7 Mio. DM der Risikovorsorge zuzuweisen. Damit glaubten der Vorstand und der Aufsichtsrat, allen Eventualitäten in vollem Umfang Rechnung getragen zu haben[86]. Die folgenden Jahre 1988 und 1989 entwickelten sich durchaus positiv für die Lombardkasse.

In diesen Jahren wurde auf Drängen der Aufsichtsratsmitglieder Rolf-E. Breuer und Heinz Kramer mit der Liquidations-Casse in Hamburg AG gesprochen, um eine Vereinigung beider Institute herbeizuführen. Am 19. April 1990 kam es dann zu einem Verschmelzungsvertrag zwischen der Lombardkasse AG und der Liquidations-Casse in Hamburg AG. Dieser Vertrag hatte folgenden wesentlichen Inhalt:

> »Die Liquidations-Casse in Hamburg AG wird durch die Übertragung ihres Vermögens als ganzes auf die Lombardkasse AG mit dieser verschmolzen. Die Verschmelzung erfolgt im Innenverhältnis mit Wirkung zum 1. Januar 1990. Als Gegenleistung gewährt die Lombardkasse AG den Aktionären der Liquidations-Casse in Hamburg AG bei einem Umtauschverhältnis von 1:1 jeweils eine Namensaktie im Nennwert von 50,– DM für den entsprechenden Nominalwert von deren Inhaber- bzw. Namensaktien.«[87]

Die Lombardkasse AG verpflichtete sich, in Hamburg eine Niederlassung unter dem Namen »Liquidations-Casse in Hamburg, Niederlassung der Lombardkasse AG« zu unterhalten.

Rolf-E. Breuer schied Anfang Juli 1989 als Vorsitzender des Aufsichtsrats nach fünfzehnjähriger Tätigkeit bei der Lombardkasse aus. Den Vorsitz übernahm Heinz Kramer am 3. Juni 1989, stellvertretender Vorsitzender wurde Barthold von Ribbentrop, Direktor mit Generalvollmacht der Deutschen Bank AG, Frankfurt am Main. Zum 31. Dezember 1988 war Otto Lersch aus dem Vorstand ausgeschieden, sein Nachfolger wurde Friedrich Weigel, der zum 1. September 1988 in den Vorstand der Lombardkasse AG eintrat.

Am 26. Januar 1990 nahm die Deutsche Terminbörse (DTB) den elektronischen Handel in standardisierten Optionen mit 14 deutschen Standardaktien auf. Für die Lombardkasse bedeutete die Eröffnung der Deutschen Terminbörse, daß das bisherige Optionsgeschäft langsam auslief. Die Lombardkasse verlor damit eine nicht unwesentliche Ertragsstütze, da die bisherigen Einnahmen aus der Gewährleistung der Optionsgeschäfte in Zukunft entfielen[88]. Aus diesem Grunde bemühte sich die Lombardkasse in Zusammenarbeit mit der Deutschen Wertpapier-Datenzentrale (DWZ), der Maklerschaft ein Modell anzubieten, in dem sich der einzelne Makler über die Lombardkasse als »General Clearer« an der Deutschen Terminbörse beteiligen konnte. Die Resonanz war allerdings nicht groß, was zum einen mit den hohen Einstiegskosten von etwa 600 000,– DM pro Teilnehmer, zum anderen aber mit einer gewissen Skepsis ob der Erfolgsaussichten dieses Marktes begründet wurde. Dennoch glaubte der Vorstand der Lombardkasse, daß die Deutsche Terminbörse erfolgreich arbeiten werde. Damit werde auch der eine oder andere Makler sich dazu entschließen, an der DTB und dabei an der von der Lombardkasse gebotenen Poollösung teilzunehmen.

1990 gestaltete sich zu einem äußerst schwierigen Jahr. Standen die ersten sieben Monate dieses Jahres noch unter dem Einfluß der Wiedervereinigung und der Öffnung nach Osten (Ostphantasie) und günstigen Konjunkturprognosen, so brachte der Beginn der Golfkrise Anfang August im Verein mit stark fallenden Kursen einen gravierenden Einbruch bei den Umsätzen der Maklerkundschaft der Lombardkasse. Daß dennoch ein zufriedenstellendes Ergebnis erzielt wurde, lag einzig und allein an dem günstigen Vorlauf[89]. Diese unsichere politische Lage zur Jahreswende 1990/91 bewog die Maklerkundschaft zu starker Zurückhaltung bei den eigenen Engagements. Bei entsprechend geringerer Kreditinanspruchnahme ermäßigte sich die Bilanzsumme der Lombardkasse um 201 Mio. DM auf 451 Mio. DM. Auf das gesamte Geschäftsjahr bezogen lag jedoch das durchschnittliche Kreditvolumen um 25 Prozent über dem des Vorjahres. Die über die Lombardkasse abgewickelten Effektengeschäfte der Maklerkundschaft erreichten mit 71,4 Mrd. DM (im Vorjahr 59,9 Mrd. DM) einen neuen Höchststand. Leider fand dieser kräftige Zuwachs keinen Niederschlag in den Provisionsaufkommen, da im Laufe des Berichtsjahres die Maklercourtage um ein Viertel gesenkt wurde und die Lombardkasse aus diesem Grunde

Hans-Detlev Krieg, Vorstandsmitglied der Lombardkasse seit 1991

die Konditionen dieser Ermäßigung anpassen mußte. Hinzu kam, daß durch die Eröffnung der deutschen Terminbörse das bisher von der Lombardkasse gewährleistete Optionsgeschäft in den DAX-Werten verlorenging. Aus diesem Grunde gingen die entsprechenden Gewährleistungsgebühren stark zurück.

Im Jahre 1991 gab es eine Reihe von Veränderungen. Der Vorstand der Frankfurter Börse beschloß am 21. Januar 1991, IBIS zu integrieren. Am 3. Februar 1991 kündigte die Deutsche Terminbörse eine Verlängerung der Handelszeiten für den DAX-Future an. Am 23. August 1991 nahm die Frankfurter

Börse ein neues System zur Börsengeschäftsabwicklung in Betrieb (Böga). Am 13. Dezember 1991 wurden erstmals an der Frankfurter Börse Geldmarktpapiere gehandelt.

Allerdings war das Jahr 1991 von Höhen und Tiefen im Börsengeschehen gekennzeichnet. Anfang der neunziger Jahre kam es auch zu Veränderungen in Vorstand und Aufsichtsrat. Friedrich Weigel, Hofheim am Taunus, schied zum 31. August 1991 aus dem Vorstand aus, sein Nachfolger wurde Hans-Detlev Krieg, der ab 1. Mai 1991 dem Vorstand angehörte. Nach einundzwanzigjähriger Tätigkeit im Aufsichtsrat der Lombardkasse Aktiengesellschaft schied Heinz Kramer, Generalbevollmächtigter der Dresdner Bank, aus dem Aufsichtsrat aus. Sein Nachfolger im Vorsitz wurde Barthold von Ribbentrop, Direktor mit Generalvollmacht der Deutschen Bank. In den Aufsichtsrat neu berufen wurde Heinz-Jürgen Schäfer, Direktor der Dresdner Bank. Die Vertreterin der Arbeitnehmer ist seit diesem Zeitpunkt Jutta Canisius.

Jutta Canisius, Aufsichtsratsmitglied der Lombardkasse seit 1991

Während das Geschäftsjahr 1992 aus der Perspektive der Bank das Prädikat »knapp gehalten« verdiente, war das Jahr 1993 »durch Zinssenkungsphantasie im Verein mit Hoffnung auf steigende Unternehmenserträge nach Verlassen der wirtschaftlichen Talsohle«[90] geprägt. Es bescherte den Börsianern ein gutes Rentenjahr und steigende Aktienkurse bei deutlich belebter Umsatztätigkeit. Diese Situation wirkte sich auch günstig auf den Geschäftsverlauf der Lombardkasse aus. Die Bilanzsumme konnte sich von 1992 auf 1993 mehr als verdoppeln. Sie stieg von 306 Mio. DM auf 687 Mio. DM. Die enorme Steigerung wurde durch die starke Umsatztätigkeit der Makler – insbesondere im elektronischen Handelssystem

Heinz-Jürgen Schäfer, stellvertretender
Vorsitzender des Aufsichtsrats seit 1993

IBIS – zum Jahresultimo, die einen kurzfristigen Anstieg der Bankenforderungen wegen der noch nicht abgewickelten Verkäufe (510 Mio. DM gegenüber 114 Mio. DM Ende 1992) verursachte. Die über die Lombardkasse geleiteten Wertpapierumsätze der Makler erreichten mit 133,1 Mrd. DM eine neue Rekordmarke. Entsprechend erhöhten sich auch die Provisionserträge um 11,6 Mio. DM auf 29,85 Mio. DM und schafften damit mehr als einen Ausgleich für die geringeren Zinserträge[91].

Wegen einer steuerlich günstigen Konstellation wurde für das Berichtsjahr 1993 durch Auflösung von Gewinnrücklagen, die bereits mit 56 Prozent beziehungsweise 50 Prozent Körperschaftssteuer belastet waren, eine Sonderausschüttung auf das Grundkapital vorgenommen. Pro Aktie im Nennwert von 50 DM wurde ein Betrag von 118 DM ausgezahlt. Zusammen mit der üblichen Dividende von 14 DM pro Aktie ergab sich dadurch eine Rendite von 264 Prozent.

Barthold von Ribbentrop schied am 6. Juni 1994 als Vorsitzender des Aufsichtsrats aus, und Bernd A. von Maltzan, Direktor mit Generalvollmacht der Deutschen Bank AG, übernahm mit diesem Tag den Vorsitz im Aufsichtsrat. Heinz-Jürgen Schäfer, Direktor der Dresdner Bank AG, blieb stellvertretender Vorsitzender des Aufsichtsrats.

Trotz ausgezeichneter Vorgaben von 1993 und der deutlichen Stimmungsverbesserung nach Durchschreiten der konjunkturellen Talsohle traten entgegen der allgemeinen Erwartung die erhoffte Steigerung der Aktienkurse und der Rückgang der Zinsen 1994 nicht ein. Die Folge war, daß die Makler bei Eigenengagements starke Zurückhaltung übten, was sich naturgemäß negativ auf die über die Lombardkasse abgewickelten Wertpapierumsätze auswirkte.

Auch im Jahre 1995 setzte sich der rückläufige Trend in bezug auf Umsatz und Debitorenbestand bei der Lombardkasse weiter fort. Dies war insbesondere eine Folge der hohen Volatilität der Wertpapiermärkte, die naturgemäß eine Bestandshaltung mit hohen Risiken belastete. Weitere Auswirkungen kamen durch die strukturellen Veränderungen im Börsenumfeld, durch den zunehmenden Einfluß der Terminmärkte auf den Kassahandel sowie durch einen stark schwankenden Dollar. Die Maklerschaft wurde durch diese Faktoren in ihren Aktivitäten gebremst, obwohl im Jahresverlauf steigende Aktienkurse und fallende Zinsen das Gegenteil erwarten ließen. Der von der Bank abgewickelte Umsatz der Makler fiel 1995 um ein Drittel auf 64,5 Mio. DM. In etwa dem gleichen Maße nahmen die Provisionserträge auf 17,8 Mio. DM ab.

Wie stark der Wandel im Wertpapierhandel ist, zeigte sich nach dem Rückgang des Geschäftsvolumens der Lombardkasse seit Anfang der neunziger Jahre. So lag Ende 1993 die

Bernd A. von Maltzan, Aufsichtsratsvorsitzender der Lombardkasse seit 1994

Klaus P. Caspritz, Vorstandsvorsitzender der Lombardkasse seit 1996

Bilanzsumme der Lombardkasse noch bei rund 687 Mio. DM. Aus diesem Grunde kündigte der Vorstand bereits auf der Hauptversammlung an, daß die Lombardkasse an einer Neupositionierung der Bank arbeite. Der Aufsichtsratsvorsitzende der Lombardkasse, Bernd A. von Maltzan, hatte bereits auf der Hauptversammlung am 15. Mai 1995 im Hause der Dresdner Bank AG in Berlin den Aktionären mitgeteilt, daß sich Aufsichtsrat und Beirat des Instituts in einer der Hauptversammlung vorausgegangenen Sitzung mit Überlegungen zu einer neuen Positionierung der Lombardkasse in den sich wandelnden Märkten befaßt hätten[92]. Mit der Berufung von Klaus P. Caspritz zum Vorstandsvorsitzenden der Lombardkasse Aktiengesellschaft zum 1. Juli 1996 wurde der Entwicklung und der neuen Zukunftsperspektive der Lombardkasse Rechnung getragen.

VII. Zukunftsperspektiven

Die Weiterentwicklung des Finanzplatzes Deutschland und insbesondere die Veränderungen der Börsenkulisse in Frankfurt am Main stellten in den neunziger Jahren die Gremien der Lombardkasse vor die Alternative, entweder die Lombardkasse in einer Börsenorganisation aufgehen zu lassen, sich auf neue Segmente am Finanzplatz zu konzentrieren oder gar neue Geschäftsfelder zu erschließen. Vorstand und Aufsichtsrat entschlossen sich, die Lombardkasse als neutrale Institution – ihre Träger sind private, genossenschaftliche und öffentlich-rechtliche Kreditinstitute – in neue Dimensionen zu führen. Die entscheidende Frage ist nun, wie sich eine Bank neu positionieren läßt, wenn ihre Kunden, die Makler, aufgrund neuer Technologien, Änderung der Gesetzgebung und Wandel des Kapitalmarktumfelds nicht mehr in der bis heute bekannten Weise bestehen bleiben. Es wird neue Gruppierungen geben, Maklergesellschaften und Wertpapierhandelsgesellschaften.

Diesen Finanzintermediären wird die Lombardkasse AG neue und zusätzliche Produkte anbieten. Im Rahmen ihrer weiterentwickelten Intermediärsbankstrategie sind Treasury- und Back-office-Produkte vorgesehen, die in Verbindung mit weiteren Netzwerkprodukten geeignet sind, die eigene Wertschöpfung sowie die ihrer Kunden deutlich zu erhöhen.

Da im Bereich der Wertpapierabwicklung grundsätzlich für alle Banken die Anzahl der Produktionsstufen verringert und damit die Wertschöpfungstiefe reduziert werden kann, bedarf die Banking-Community eines Partners, der diese Prozesse zu organisieren bereit ist. Zugleich stellt sich aber auch die Frage nach den Standards, die diese Prozesse begleiten, sowie deren Entwicklung und Kontrolle.

Hier haben die Gremien der Lombardkasse eine zukunftsweisende neue Gesamtverantwortung zugedacht, nämlich einen bankübergreifenden Markt für Outsourcing von Wertpapier-Services aufzubauen.

Dazu bedarf es hoher Investitionen und Überzeugungsarbeit und vor allem Institutionen, die ihrerseits Insourcing als strategisches Geschäftsfeld betreiben. Bestimmte Rahmenbedingungen, bestimmte Standards sind hierzu erforderlich[93]. Das heißt aber, daß es die Aufgabe der Lombardkasse AG sein wird, folgende Prinzipien des Outsourcing zu garantieren:

- Anonymität der Bankkunden,
- Neutralität des geschäftlichen Verhaltens der Insourcer,
- Sicherstellung der Kontinuität des Insourcerbetriebs,
- Wahlmöglichkeit zwischen mehreren Insourcern,
- Kosteneffizienz.

Die Lombardkasse organisiert die erforderlichen Voraussetzungen wie zum Beispiel technische und juristische Standards, aber auch Sanktionen, wenn diese notwendig sind.

Diese fachlich-sachliche und unternehmensphilosophisch ausgerichtete Plattform zu schaffen ist natürlich nicht einfach, da letztlich für die In- und Outsourcer weitreichende Entscheidungsprozesse erforderlich sind. Die Banken müßten entscheiden, was sie noch selbst in der Wertpapierabwicklung tätigen wollen und was andere für sie ausführen können.

Eine unabdingbare Voraussetzung für die Lombardkasse, will sie hier eine eigenständige Position erlangen, ist ihre Unabhängigkeit, das heißt sie kann sich in Zukunft weder führungs- noch aktionsmäßig an ein oder zwei Institute anlehnen. Nur dann kann sie ihre Neutralität wahren und garantieren, daß sich der Markt für Outsourcing vom Wertpapierservice als ein Wettbewerbsmarkt etabliert und funktioniert.

Der Wettbewerb ist in den letzten Jahren noch stärker geworden. Die Marktteilnehmer spüren diesen Druck. Sie müssen effizienter und kostenorientierter denken und handeln. In diesem Geschehen ist die Lombardkasse »ein ruhender Pol« mit erheblicher Katalysatorfunktion. Aber mit dem Fortschreiten der Handelstechniken, der Weiterentwicklung von Absicherungstechniken und einem ständig präsenten Druck auf die Transaktionskosten ist die zukünftige Ausrichtung der Lombardkasse – ihre zukünftige Unternehmensphilosophie – Mittelpunkt aller Überlegungen. Transparenz, Sicherheit und Kosteneffizienz bilden hierbei einen Dreiklang, der die internationalen Finanzströme anzieht. Kosteneffizienz hat etwas mit Verwaltung, mit Gebühren und mit dem Anbieten von modernen Instrumenten zu tun.

Um dieses Ziel zu erreichen, muß die Lombardkasse unter dem Gesichtspunkt der Wirtschaftlichkeit zunächst Investitionen tätigen. Diese Investitionen sind auch notwendig, um aus der nationalen Enge schrittweise in eine europäische Dimension zu wachsen. Die Lombardkasse ist von ihrer Struktur her immer ein Partner der handelnden Banken. Sie ist daher auf die internationalen Strategien der Banken angewiesen, natürlich auch in der Wertpapierabwicklung.

Diesen Weg hat die Lombardkasse 1995 begonnen und muß ihn nun zielstrebig fortsetzen.

Anhang

Vorstände und Aufsichtsräte des Berliner Maklervereins (1923–31) und der Berliner Lombardkasse / Lombardkasse (1931–98)

Berliner Maklerverein

Vorstand
Joachim Kessler (1923–31)
Hans Grendel (1923–31)

Aufsichtsrat
Vorsitzender
Wilhelm Schütz (1923–31)
Mitglieder
Victor von Rintelen (1923–31)
Eugen Kretschmar (1923–31)
Richard Dyckerhoff (1923–25)
Adolf Schaeffer (1923–31)
Hans Paschke (1925–31)

Berliner Lombardkasse AG (ab 1961: Lombardkasse AG)

Vorstand
Eugen Hamburger (1931–38)
Wilhelm Lothar (1931–38)
Georg Thierfeldt (1931/32)
Richard Schacht (1938–43)

Ernst Richter (1938–45)
Rudolf Kastner (1951–61)
Ernst Mertz (1961–63)
Emil Krause (1963–68)
Martin Rosenbrock (1968–76)
Walter Gräf (1976–98)
Otto Lersch (1976–88)
Friedrich Weigel (1988–91)
Hans-Detlev Krieg (seit 1991)
Klaus P. Caspritz (seit 1996)

Aufsichtsrat

Vorsitzender

Siegmund Wassermann (1931–34)
Otto Kuhn (1934–38 und 1951–58)
Karl Papenberg (1938–45)
Hans Feith (1958–61)
Wilhelm Balzer (1961–74)
Rolf-E. Breuer (1974–89)
Heinz Kramer (1989–93)
Barthold von Ribbentrop (1992–94)
Bernd A. von Maltzan (seit 1994)

Mitglieder

Siegmund Wassermann (1931–34)
Fritz Bruck (1931–34)
Hans Arnhold (1931–34)
Albert Graef (1931–34)
Paul Bergmann (1931–34)
Ludwig Berliner (1931/32)
Paul Hamel (1931–38)
Alfred Kurzmeyer (1931–40)
Georg Mosler (1931/32)
Leo Perl (1931–34)

Franz Belitz (1931)
Richard Glaser (1932–38)
Ernst Sander (1932–34)
Joachim Kessler (1934–43)
Wilhelm Radecke (1934–38)
Emil Heinrich Meyer (1934/35)
Karl Papenberg (1934–45)
Louis Wirth (1934–45)
Otto Kuhn (1934–70)
Albrecht Graf von Bernstorff (1935–38)
Karl Winter (1935–58)
Erich Pindter (1938–45)
Nicolaus Wenz (1940–45)
Joseph Adam (1943–58)
Hans Feith (1958–61)
Günther Langhoff (1958–64)
Wilhelm Balzer (1961–74)
Wolfgang Röller (1965–72)
Wilhelm Iser (1971–75)
Heinz Kramer (1973–93)
Rolf-E. Breuer (1974–89)
Ingeborg Rothe (1975–78)*
Brigitte Pink (1979)*
Helga Schulze-Frerichs (1979–81 und 1983–91)*
Hannelore Rauch (1981–83)*
Barthold von Ribbentrop (1989–94)
Jutta Canisius (seit 1991)*
Heinz-Jürgen Schäfer (seit 1993)
Bernd A. von Maltzan (seit 1994)

*Arbeitnehmervertreterin

Beirat (ab 1971)

Vorsitzender

Otto Kuhn (1971–76)
Manfred Zass (1976–95)
Gerhard Schleif (seit 1995)

Mitglieder

Otto Kuhn (1971–76)
Manfred Zass (1971–95)
Wolfgang Otto (1971–92)
Rudolf Büchner (1971–74)
Wilfried Grigat (1971–82)
Gerhard Langenbach (1971–88)
Gerd Lüttgersheiden (1971–90)
Heinz Zollweg (1975–89)
Wolfgang Meissner (1983–93)
Uwe Flach (1988–93)
Peter Wassermann (1988)
Wolfgang Behrends (1989–93)
Gerhard Schleif (seit 1990)
Klaus Esswein (1991–93)
Rudolf Duttweiler (seit 1993)
Norbert Bräuer (seit 1993)
Michael S. Duesberg (1993–96)
Christoph Arzt (1994–96)
Ralph Ristau (seit 1994)
Norbert Wentzien (1994–96)
Martin Bösch (seit 1997)
Wolfgang Danicke (seit 1997)
Konrad Ess (seit 1997)

Anmerkungen

1 M. Pohl, Deutscher Kapitalexport im 19. Jahrhundert, Frankfurt am Main 1977, S. 23ff.
2 H. Leiskow, Spekulation und öffentliche Meinung in der ersten Hälfte des 19. Jahrhunderts, Jena 1930, S. 2ff.
3 M. Pohl, Konzentration im deutschen Bankwesen 1848–1980, Frankfurt am Main 1982, S. 49–72 und 109–119.
4 U. Hielscher, Börsen, in: Obst/Hintner, Geld-, Bank- und Börsenwesen, Stuttgart [37]1982, S. 804ff. und 839ff.; Enzyklopädisches Lexikon für das Geld-, Bank- und Börsenwesen, Bd. 2, Frankfurt am Main [2]1967/68, S. 1555.
5 L. Gall, Die Deutsche Bank von ihrer Gründung bis zum Ersten Weltkrieg 1870 bis 1914, in: L. Gall u. a., Die Deutsche Bank 1870 bis 1995, München 1995, S. 87ff. Siehe auch: P. Wallich, Die Konzentration im deutschen Bankwesen, Stuttgart/Berlin 1905, S. 81ff.; J. Riesser, Die deutschen Großbanken und ihre Konzentration im Zusammenhang mit der Entwicklung der Gesamtwirtschaft in Deutschland, Jena [4]1912; K. Wagner, Stationen deutscher Bankgeschichte – 75 Jahre Bankenverband, Köln 1976, S. 12ff.
6 Schreiben der »Vereinigung der Berliner Banken und Bankiers« vom 8.11.1900 an Reichskanzler Bülow (HADB-Börsengesetzgebung).
7 Die Deutsche Bank 1870 bis 1995, München 1995, S. 107f.
8 K. Wagner, Stationen deutscher Bankgeschichte – 75 Jahre Bankenverband, Köln 1976, S. 21.
9 K. Frenkel, Börseneröffnung und Bedingungsgemeinschaft, in: Bank-Archiv XVII, Jg. 1, Dezember 1917, Nr. 5, S. 53f.
10 Umschau – Die Bedingungsgemeinschaft im Bankgewerbe, in: Die Bank 1917/2, S. 1058.
11 M. Pohl, Hamburger Bankengeschichte, Mainz 1986, S. 89.
12 E. Achterberg, Berliner Banken im Wandel der Zeit, Frankfurt am Main 1956, S. 19–25.

13 Handbuch der Deutschen Aktien-Gesellschaften, Ausgabe 1921/22, Bd. I, S. 38.
14 Die Bank 1923/1, S. 176.
15 Handbuch der Deutschen Aktien-Gesellschaften, Ausgabe 1923/24, Bd. Ia, S. 35f.
16 Generalversammlungsprotokoll des Berliner Bank-Vereins vom 29.8.1924.
17 Zitiert nach: M. Pohl, Konzentration im deutschen Bankwesen, 1848 bis 1980, Frankfurt am Main 1982, S. 305f.
18 Ebd., S. 3.
19 Chronik der Wirtschaft, in: Die Bank 1930/1, S. 72.
20 Königsberger Hartungssche Zeitung vom 22.7.1931.
21 Berliner Börsen Courier vom 22.7.1931.
22 Frankfurter Zeitung vom 4.8.1931.
23 Ebd.
24 Münchner Neueste Nachrichten vom 4.8.1931.
25 Hamburger Fremdenblatt vom 4.8.1931.
26 Berliner Börsen-Courier vom 3.8.1931.
27 Handbuch der Deutschen Aktien-Gesellschaften, Ausgabe 1931, S. 5.
28 Geschäftsbericht der Berliner Lombardkasse für 1932, S. 5.
29 Niederschrift über die Aufsichtsratssitzung der Berliner Lombardkasse vom 15.3.1934 (HADB – Berliner Lombardkasse).
30 Niederschrift über die Aufsichtsratssitzung der Berliner Lombardkasse vom 15.5.1936 (HADB – Berliner Lombardkasse).
31 Zusammengestellt nach den Geschäftsberichten der Berliner Lombardkasse von 1932 bis 1944.
32 Geschäftsbericht der Berliner Lombardkasse vom 2.8.1938 für 1937.
33 K. Hansen, Albrecht Graf von Bernstorff, Frankfurt am Main / Bonn / New York 1996, S. 212ff. und 271.
34 Geschäftsbericht der Berliner Lombardkasse für 1935.
35 Zitiert nach: C.-L. Holtfrerich, Die Deutsche Bank vom Zweiten Weltkrieg über die Besatzungsherrschaft zur Rekonstruktion 1945–1957, in: Die Deutsche Bank 1870–1995, München 1995, S. 435.
36 M. Pohl, Konzentration im deutschen Bankwesen, Frankfurt am Main 1982, S. 433.
37 Ebd., S. 434.
38 K. Wagner, Stationen deutscher Bankgeschichte, Köln 1976, S. 48.

39 DM-Eröffnungsbilanz vom 1. Januar 1953 (HADB – Berliner Lombardkasse).
40 Jahresbilanzen von 1953 bis 1960 (HADB – Berliner Lombardkasse).
41 Gewinn- und Verlustrechnung der Berliner Lombardkasse von 1953 bis 1960 (HADB – Berliner Lombardkasse).
42 Handbuch der deutschen Aktiengesellschaften für 1951/52, Band 6, S. 7501.
43 Bericht über die Hauptversammlung vom 9.9.1958 (HADB – Berliner Lombardkasse).
44 Schreiben von Otto Kuhn an Konrad Diehl (Deutsche Bank) vom 10.12.1958 (HADB – Berliner Lombardkasse).
45 Brief der Berliner Lombardkasse an den Senator für Wirtschaft und Kredit (Bankenaufsicht), Berlin, vom 24.12.1958 (HADB – Berliner Lombardkasse).
46 Brief Rudolf Kastner an Oberregierungsrat Karl Heinrich Stark (Hessisches Ministerium für Arbeit, Wirtschaft und Verkehr) vom 7.1.1959 (HADB – Berliner Lombardkasse).
47 Brief des Senators für Wirtschaft und Kredit an den Aufsichtsrat der Berliner Lombardkasse vom 8.4.1959 (HADB – Berliner Lombardkasse).
48 Brief von Otto Kuhn an Konrad Diehl vom 9.4.1959 (HADB – Berliner Lombardkasse).
49 Aktenvermerk der Rechtsabteilung der Deutschen Bank vom 12.10.1959 (HADB – Berliner Lombardkasse).
50 Aktenvermerk der Rechtsabteilung der Deutschen Bank vom 12.10.1959 (HADB – Berliner Lombardkasse).
51 Bescheid des Senators für Wirtschaft und Kredit vom 9.11.1959 (HADB – Berliner Lombardkasse).
52 B. Baehring, Börsenzeiten, Frankfurt am Main 1985, S. 212f.
53 Chronik des deutschen Kapitalmarktes, Frankfurt am Main 1981, S. 113.
54 B. Baehring, Börsenzeiten, Frankfurt am Main 1985, S. 226.
55 Frankfurter Allgemeine Zeitung, Blick durch die Wirtschaft vom 27.7.1962.
56 Börsen-Zeitung vom 30.1.1963.
57 Handelsblatt vom 15.8.1966.
58 Zusammengestellt nach den Geschäftsberichten von 1962 bis 1969.
59 Geschäftsberichte der Lombardkasse für 1967/68 und 1969.

60 Industriekurier vom 22.4.1968.
61 Börsen-Zeitung vom 17.4.1969.
62 Obst/Hintner, Geld-, Bank- und Börsenwesen (hrsg. von N. Kloten und J. H. v. Stein), Stuttgart [37]1982, S. 410.
63 B. Baehring, Börsenzeiten, Frankfurt am Main 1985, S. 226.
64 Handelsblatt vom 26.6.1970.
65 VWD vom 29.6.1970.
66 Börsen-Zeitung vom 27.6.1970.
67 Geschäftsbericht der Lombardkasse für 1970, S. 2f.
68 Zusammengestellt nach den Geschäftsberichten der Lombardkasse von 1970 bis 1975.
69 Börsen-Zeitung vom 6.7.1971.
70 Geschäftsbericht der Lombardkasse für 1975, S. 2.
71 Ebd., S. 3.
72 B. Rudolph, Effekten- und Wertpapierbörsen, Finanztermin- und Devisenbörsen seit 1945, in: Deutsche Börsengeschichte, Frankfurt am Main 1992, S. 319.
73 Ebd., S. 325.
74 Zusammengestellt nach den Geschäftsberichten der Lombardkasse von 1976 bis 1986.
75 Brief des Bundesaufsichtsamts für das Kreditwesen vom 26.11. 1985 an die Lombardkasse, Historisches Archiv der Lombardkasse.
76 Brief der Lombardkasse an das Bundesaufsichtsamt für das Kreditwesen vom 28.1.1986, Historisches Archiv der Lombardkasse.
77 Interview mit Walter Gräf vom 22.12.1997.
78 Geschäftsbericht der Lombardkasse für 1982, S. 2.
79 Ebd.
80 VWD vom 19.4.1978.
81 Börsen-Zeitung vom 4.6.1986.
82 Geschäftsbericht der Lombardkasse für 1987, S. 2.
83 Zusammengestellt nach Geschäftsberichten von 1987 bis 1996.
84 Süddeutsche Zeitung vom 22.5.1987.
85 Börsen-Zeitung vom 22.12.1987.
86 Geschäftsbericht der Lombardkasse für 1987, S. 4.
87 Geschäftsbericht der Lombardkasse für 1989.
88 Börsen-Zeitung vom 3.6.1989.
89 Geschäftsbericht der Lombardkasse für 1990, S. 2.
90 Geschäftsbericht der Lombardkasse für 1993, S. 2.
91 Frankfurter Allgemeine Zeitung vom 20.4.1994.

92 Frankfurter Allgemeine Zeitung vom 16.5.1995.
93 K. P. Caspritz, Die Lombardkasse als neutraler Dienstleister für die Wertpapierabwicklung, in: Zeitschrift für das gesamte Kreditwesen, Heft 18/1997, S. 862–867 (Schwerpunkt Wertpapierabwicklung).

Personenregister